创新创业公司债券_的探索与实践

范力 等◎著

EXPLORATION
AND
PRACTICE
OF INNOVATION AND ENTREPRENEURSHIP
CORPORATE BONDS

经济科学出版社
Economic Science Press

图书在版编目（CIP）数据

创新创业公司债券的探索与实践/范力等著. —北京：
经济科学出版社，2018.3
ISBN 978 - 7 - 5141 - 9034 - 2

Ⅰ.①创… Ⅱ.①范… Ⅲ.①公司债券 - 债券融资 -
研究 - 中国 Ⅳ.①F832.51

中国版本图书馆 CIP 数据核字（2018）第 025685 号

责任编辑：王红英
责任校对：杨 海 靳玉环
责任印制：邱 天

创新创业公司债券的探索与实践

范 力 等著

经济科学出版社出版、发行 新华书店经销
社址：北京市海淀区阜成路甲 28 号 邮编：100142
总编部电话：010 - 88191217 发行部电话：010 - 88191522
网址：www. esp. com. cn
电子邮件：esp@ esp. com. cn
天猫网店：经济科学出版社旗舰店
网址：http://jjkxcbs. tmall. com
北京中科印刷有限公司印装
710×1000 16 开 21.25 印张 280000 字
2018 年 3 月第 1 版 2018 年 3 月第 1 次印刷
ISBN 978 - 7 - 5141 - 9034 - 2 定价：68.00 元
（图书出现印装问题，本社负责调换。电话：010 - 88191510）
（版权所有 侵权必究 举报电话：010 - 88191586
电子邮箱：dbts@ esp. com. cn）

推荐序

发展创新创业公司债券
提升资本市场服务实体经济能力

　　今年是改革开放 40 周年，我国资本市场作为社会主义市场经济最有活力和效率的一环，既是改革开放的产物，同时也是改革开放事业的重要组成部分。习近平总书记深刻指出，发展资本市场是中国的改革方向。党的十九大明确提出，要深化金融体制改革，增强金融服务实体经济能力，提高直接融资比重，促进多层次资本市场健康发展。2017 年全国金融工作会议也指出，要把发展直接融资放在重要位置，形成融资功能完备、基础制度扎实、市场监管有效、投资者合法权益得到更好保护的多层次资本市场体系。这为新时代我国资本市场的改革发展指明了方向、规划了道路。

　　近年来，中国证监会认真贯彻落实以习近平同志为核心的党中央关于资本市场的决策部署，坚持稳中求进工作总基调，坚定不移地贯彻新发展理念和以人民为中心的发展思想，牢记服务实体经济的根本方向和保护投资者合法权益、维护市场公平的监管使命，通过深化多层次市场体系改革、扎实推进"四梁八柱"性质改革、稳妥推进资本市场双向开放、大力推进依法全面从严监管、主动服务国家战略等多项重大举措，不断强化依法全面从严监管，努力实现资本市场稳健运行，支持供给侧结构性改革和经济社会发展大局。

债券市场是资本市场的重要组成部分，并在大国崛起中发挥重要作用。近二十年来，我国债券市场取得较快发展，规模迅速扩大，品种日益丰富，市场体系和基础设施不断完善。截至 2017 年底，我国债券市场余额达 75.02 万亿元，其中政府债券 27.65 万亿元，金融债券 26.83 万亿元，公司信用类债券余额 18.47 万亿元，资产证券化产品 1.93 万亿元。债券市场规模是同期沪深股市总市值的 132%，债券市场已成为政府、金融机构和企业的重要融资渠道，在服务实体经济、有效配置金融资源、完善货币政策传导和推动对外开放等方面发挥了不可或缺的重要作用。

经过充分市场调研和前期试点，中国证监会于 2017 年 7 月正式发布了《中国证监会关于开展创新创业公司债券试点的指导意见》，为创新创业公司债券的发展提供了有力的政策保障。2017 年 9 月，沪、深交易所分别会同全国中小企业股份转让系统公司、中国证券登记结算有限责任公司发布了《创新创业公司非公开发行可转换公司债券业务实施细则（试行）》，我国创新创业公司债券的制度建设日趋完善。

创新创业公司债券的推出，得到了社会广泛关注和支持，苏州、深圳、北京等地方政府出台了专门的扶持政策，助力创新创业公司打开了新的融资渠道。截至 2017 年底，沪、深交易所共计发行 28 单创新创业公司债券，总规模近 42 亿元，发行人绝大多数为中小型创新创业公司。

东吴证券坚持服务实体经济，积极履行社会责任，努力推进创新创业公司债券的探索与实践，并将项目发行过程中积累的经验及时总结归纳，相信这将有利于我国创新创业公司债券的发展和完善，进一步提升我国资本市场服务实体经济的能力。

不忘初心，牢记使命。全面贯彻党的十九大精神，建设完善多层次资本市场体系，需要更多证券公司和中介机构做有担当的探索者和实践者。

中国证券监督管理委员会副主席

李超

2018.2

作者自序

长期以来，中小企业"融资难、融资贵"问题一直是制约我国面广量大的中小企业发展壮大的突出问题之一。究其原因，一是由于中小企业普遍规模小、固定资产少，土地房产等抵押物先天不足；二是出于控制单位贷款处理成本以及信息不对称等因素，银行等金融机构天然地更倾向与大型企业合作。中小企业"融资难、融资贵"也是全世界普遍存在的难题。开创"乡村银行"模式并获得诺贝尔和平奖的尤努斯教授曾感慨道：你越有钱，越能贷到更多的款，如果你没有钱，你就贷不到款。

随着我国大力推动大众创业、万众创新，为创新创业类中小企业提供有效金融支持成为政府和社会的共同关切。2015年6月国务院印发《关于大力推进大众创业万众创新若干政策措施的意见》，明确提出"鼓励创业企业通过债券市场筹集资金"。在中国证监会和上海证券交易所、深圳证券交易所以及苏州市委、市政府的鼓励和支持下，东吴证券组织多个部门全

力以赴研究探索，不断攻坚克难，于 2016 年 3 月在上海证券
交易所成功发行全国首批试点的创新创业企业公司债券，开创
了创新创业公司通过债券市场实现融资的先河。2017 年中国
证监会创新创业公司债券《指导意见》出台后，东吴证券又
再接再厉相继成功发行全国首批创新创业公司债券、全国首批
创新创业可转换公司债券，为创新创业公司通过债券市场筹集
资金进行了有益的探索。

　　这一系列首单的背后，是从无到有披荆斩棘探路的艰辛，
是逢山开路、遇水搭桥的勇毅。首批试点的三单创新创业公司
债券在准备发行的当口，原债券投资方突然因为特殊情况不能
认购，几乎胎死腹中。为确保债券按时顺利发行，我们和苏州
银行的高层及相关部门人员建立工作微信群，利用周末时间共
同商量可行办法，在合规的前提下高效运作，通过 3 天努力成
功逆转局面并按时顺利发行。首单创新创业可转换公司债券的
发行过程同样一波三折。由于市场无先例可鉴，发行人正在准
备定增且已有意向性定增投资者，担心可转债影响定增而提出
放弃。我们的项目人员心有不甘，逐一和潜在定增投资者沟通
解释、争取支持，甚至在只有联系电话、没有确切地址的情况
下第一时间乘坐凌晨两点的绿皮火车去往杭州，以诚意争取到
与对方当面沟通的机会。

　　截至 2017 年底，沪、深交易所已发行创新创业公司债券
28 单，其中东吴证券发行 13 单，占比近一半。两年来，我们
在实践中总结出一些成功经验，也积累了种种走弯路的体会。

我们深知，创新创业公司债券这一新生品种的发展壮大还有很长的路要走，有效缓解中小企业"融资难、融资贵"的问题需要全体同行的共同努力。我们期望通过分享我们在创新创业公司债券领域的经验教训，给同行一些参考的路标，共同做大创新创业公司债券的市场规模，更好地服务中小企业融资、服务实体经济发展。

　　本书的出版是东吴证券在创新创业公司债券领域理论与实践的探索与总结。因水平有限、时间仓促，书中定有诸多需完善之处，还请各界同仁批评指正。

东吴证券股份有限公司党委书记、董事长、总裁

范力

2018.2.

目　录
CONTENTS

I

INNOVATION
ENTREPRENEURSHIP

第一章
导　论

　　我国经济已由高速增长阶段转向高质量发展阶段，正处在转变发展方式、优化经济结构、转换增长动力的攻关期，建设现代化经济体系是跨越关口的迫切要求和我国发展的战略目标。

——《中国共产党第十九次全国代表大会报告》

第一节　概 念 界 定

一、创新创业公司

创新与创业虽然是两个不同的概念，却又有着天然的内在联系。熊彼特将创新定义为实现新的组合，这一组合不仅是新技术、新产品、新服务，还包括新的组织、新的制度的组合。创业是创业者对自己拥有的资源或通过努力对能够拥有的资源进行优化整合，从而创造出更大经济或社会价值的过程。成功的创业者往往具备强烈的企业家精神，利用现有资源进行新产品、新工艺、新组织和新市场的组合，通过更优质的产品或服务赢得市场青睐。因此，创业是实现创新的过程，而创新则是创业的本质和手段。

创业企业通常是指处于创业阶段，高成长性与高风险性并存的创新开拓型中小企业。

创新型企业通常是指拥有核心技术、知名品牌，具有良好的创新管理和文化，整体技术水平在同行业居于先进地位，在市场竞争中具有优势和持续发展能力的企业。

长久以来，创业和创新这两个概念都是分开表述，没有在官方的文件中正式组合在一起。2010 年 5 月，教育部发布的《关于大力推进高等学校创新创业教育和大学生自主创业工作的意见》，正式启用了"创新创业教育"这一概念。

2014 年 9 月，在夏季达沃斯论坛上，李克强总理提出要"借改革创新的'东风'，在 960 万平方公里土地上掀起'大众创业'、'草根创业'的新浪潮"，首次将创业与创新两个具有强烈时代背景的概念联系在一起。

在 2016 年政府工作报告中，李克强总理指出："创新是引领发展的第一动力，必须摆在国家发展全局的核心位置，深入实施创新驱动发展战略"，强调要持续推动"大众创业、万众创新"。在 2017 年政府工作报告中，李克强总理再次强调要"持续推进'大众创业、万众创新'"。

中国证监会在其发布的《中国证监会关于开展创新创业公司债券试点的指导意见》（以下简称《指导意见》）中对创新创业公司的定义，是指从事高新技术产品研发、生产和服务，或者具有创新业态、创新商业模式的中小型公司。

如图 1－1 所示，本书将同时具备创业企业特征和创新型企业优势的企业称作创新创业公司。

《指导意见》中同时对创业投资公司进行了定义，是指符合《私募投资基金监督管理暂行办法》《创业投资企业管理暂行办法》等有关规定，向创新创业公司进行股权投资的公司制创业投资基金和创业投资基金管理机构。创业投资公司发行的创新创业公司债券募集的资金应专项投资于种子期、初创期、成长期的创新创业公司的股权。

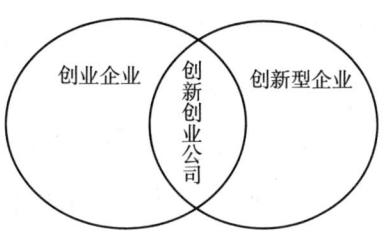

图 1－1 创新创业公司示意

在 2017 年政府工作报告中,又将"创新创业"简称为"双创",提出"双创"是以创业创新带动就业的有效方式,是推动新旧动能转换和经济结构升级的重要力量,是促进机会公平和社会纵向流动的现实渠道。报告中还进一步要求各级政府要新建一批"双创"示范基地,鼓励大企业和科研院所、高校设立专业化众创空间,加强对创新型中小微企业支持,打造面向大众的"双创"全程服务体系。

对于"双创"企业来讲,创业是愿景,创新是手段。要实现创新创业成功,不仅要实现企业内部的技术创新、产品创新、组织创新等,更要构建适合中小企业创新创业的社会环境、市场环境、金融环境。创新创业离不开金融创新,离不开资本市场的创新实践,也离不开证券公司等市场中介机构的"二次创业"。

二、高收益债券

债券是发行人向持有人借款的凭证,发行人(借入者)需要在一定时期内还本付息。债券的发行人（政府、金融机构、企业等）是资金的借入者，债券的持有人是资金的借出者。债券持有人与发行人之间是一种债权债务关系，债券发行人即债务人，债券持有人即债权人。

企业在生产经营过程中，往往需要使用大量资金扩大业务规模，筹建新项目，兼并收购其他企业，以及弥补亏损等。在企业自有资金不能完全满足其资金需求时，便需要向外部筹资。通常对外筹资的渠道包括发行股票、发行债券、发行理财产品、向银行等金融机构借款等。

相对而言，发行债券所筹集的资金期限较长，资金使用相对自由，而且购买债券的投资者无权干涉企业的经营决策，现有股东对公司的所有权不变，这都在一定程度上弥补了股票筹资和银行借款的缺陷。因此，发行债券是许多企业非常愿意选择的一种筹资方式。但债券融资也有不足，由于投资中小企业公司债券的风险较大，发行成本一般都要高于银行贷款，对中小企业构成较重的财务负担。在国际上，高收益债券（high-yield bond）指的是信用等级低于投资级别的债券，因此又称为垃圾债券（junk bond）或投机级债券（speculative-grade bond）。根据标普、穆迪和惠誉等国际著名评级机构的债券信用等级划分标准，一般将评级低于 Baa 级或 BBB 级以及未被评级但信用等级在投资级以下的债券划为高收益债券，如表 1-1 所示。与投资级债券相比，由于高收益债券的信用级别较低，信用风险较高，因此，为了吸引投资者，需要支付给投资者比投资级债券更高的风险溢价，这就是高收益债券名称的由来。

表 1-1　　　　　　　　　　三大评级机构的债券评级

类别	信用等级	穆迪	标普/惠誉	解释
投资级债券	信用极高	Aaa	AAA	最高评级，基本没有违约风险
		Aa	AA	高质量，很低的违约风险
	高信用	A	A	中高级质量，风险很小，但有可能出现违约
		Baa	BBB	中等质量，问题不大，未来可能会有问题
高收益债券	投机性	Ba	BB	有一定投机成分，长期会有比较大的问题
		B	B	现在可以支付利息，但违约风险较高
	信用极低	Caa	CCC	质量较差，违约可能性很高
		Ca	CC	投机成分大，可能已经违约
		C	C	最低的等级，偿还全部本息的可能性基本没有
违约债券		D	D	已经违约

资料来源：东吴证券整理。

在国内，高收益债券的界定标准与国际成熟市场有所不同。由于我国评级行业起步时间较晚以及付费机制导致评级机构之间恶性竞争，过去较长一段时期外部评级结果区分度总体不高。目前市场上对我国高收益债券的界定主要有四种观点：第一种认为按国际通行标准，BBB 级以下（即投机级）的债券为高收益债券；第二种认为我国债券信用等级存在虚高，应将 AA 级以下债券定义为高收益债券；第三种认为信用风险大、收益率较高的债券即为高收益债券；第四种认为中小企业私募债券和创新创业公司债券是高收益债券。客观来讲，对于高收益债券的认定，信用等级是一个重要标识，但不是唯一判断依据，我们更应关注高收益债券"高风险、高收益"的实质特征。一般把 AA－及以下评级的发行人发行的债券和债券收益率水平达到或超过同期限 AA－中债估值收益率水平的债券视为高收益债券。

三、创新创业公司债券

创新创业公司通过债券进行直接融资，本身就是一种新的组合、新的制度创新。这一创新组合顺应时代发展的需要、顺应数字化时代生产力发展的需要、顺应国家创新发展战略的需要。

创新创业公司债券是指符合发行条件的创新创业公司、创业投资公司，依照《中华人民共和国公司法》《中华人民共和国证券法》《公司债券发行与交易管理办法》《中国证监会关于开展创新创业公司债券试点的指导意见》以及《创新创业公司非公开发行可转换公司债券业务实施细则（试行）》（以下简称《实施细则》）等法律法规发行的公司债券。

创新创业公司债券与传统高收益债券有着比较大的不同。一是创新创业公司债券的发行主体主要是符合产业导向的高新技术中小创新创业企业；二是通过政府担保、补贴等支持手段，债券实际发行利率没有高收益债券高；三是可以通过附转股条款等方式灵活开展直接融资。

虽然创新创业公司债券与传统高收益债券有较大差别，但是从债券发行管理的基本规则来看还是较为相似的。因此，我国创新创业公司债券有必要借鉴海外高收益债券的先进管理经验和市场规律，以取得健康平稳发展。本书在分析海外高收益债券品种时，也主要从创新创业公司的债券融资角度进行研究。

第二节　供给侧改革与创新发展战略

习近平总书记在党的十九大报告中指出，经过长期努力，中国特色社会主义进入了新时代，我国社会主要矛盾已经转化为人民日益增长的美好生活需要和不平衡不充分的发展之间的矛盾，我国经济已由高速增长阶段转向高质量发展阶段，正处在转变发展方式、优化经济结构、转换增长动力的攻关期。

一、供给侧改革

经过近四十年的改革开放，我国社会生产力水平总体显著提高，经济发展增速在世界主要经济体中长期名列前茅。同时，我国制造业产能大幅增长，主要工农业产品的生产能力均位居世界前列。我国经济实现连续高速增长的主要因素包括：社会政治稳定，建立并逐步完善社会主义市场经济体制；发展开放型经济，有效利用国际和国内两个市场和两种资源；充分利用后发优势，引进借鉴人类社会创造的大量技术和经验，经济发展水平总体较高；长期享受人口红利，拥有世界上数量最多的人口，底子薄、基数小、增长空间大；

土地和其他自然资源成本偏低，生态环境约束较为宽松等。但是这也不可避免地带来了新的矛盾和问题，即数量规模快速扩张的同时，伴随着一些不平衡、不协调、不可持续状况的日益显现。

值得注意的是，我国生产能力基本处于低质量、低价格、高消耗的状态，存在大量中低端过剩产能。供给结构不适应需求新变化，高质量供给又严重不足。关键核心技术长期受制于人，一些重要原材料、关键零部件、高端装备、优质农产品往往只能依赖进口，旅游、教育、健康、养老、家政等领域供给也难以满足居民改善精神文化环境的需要。这是当前我国社会经济面临的最为突出的结构性矛盾。要想解决这些矛盾，只有推进供给侧结构性改革，提高供给体系质量，适应新需求变化，才能在更高水平上实现供求关系新的动态均衡。

金融危机以来，发达国家在实施需求管理政策的同时，高度重视供给体系调整。当前，世界范围内新一轮科技革命和产业变革蓄势待发，信息技术、生物技术、新材料技术、新能源技术渗透到各个领域，重大的颠覆性创新大量涌现。特别是新一代信息通信技术与制造业的深度融合，催生出智能制造、分享经济、移动支付等各种新科技、新业态。为适应技术和产业变革，各国纷纷出台应对举措，如美国制造业回流战略、德国工业4.0战略等应运而生，新技术革命正在有力推动全球供给体系调整，也成为我国经济发展潜在的巨大驱动力。

习近平总书记在中央财经领导小组第十三次会议上强调，推进供给侧结构性改革，是综合研判世界经济形势和我国经济发展新常态作出的重大决策，各地区各部门要把思想和行动统一到党中央决策部署上来，重点推进"三去一降一补"，不能因为包袱重而等待、困难多而不作为、有风险而躲避、有阵痛而不前，要树立必胜信念，坚定不移把这项工作向前推进。在中央财经领导小组第十四次会议上，习近平总书记再次指出，"我们要紧紧抓住经济调整的窗口期，扎扎实实推进供给侧结构性改革，推动经济结构不断优化、经济发展方式不断转变、经济增长动力加快转换。如果我们在这个问题上不着力、不紧抓，一旦其他大国结构调过来了，我们就会在下一轮国际竞争中陷于被动。"

党的十九大报告指出，建设现代化经济体系是跨越关口的迫切要求和我国发展的战略目标。建设现代化经济体系，必须深化供给侧结构性改革，坚持去产能、去库存、去杠杆、降成本、补短板，优化存量资源配置，扩大优质增量供给，实现供需动态平衡。近年来我国在推进供给侧结构性改革方面迈出了坚定步伐，也取得了明显成效，部分行业市场供求关系改善。供给侧结构性改革推进两年来，我国共退出钢铁产能 1.1 亿吨以上、煤炭产能超过 4 亿吨。

二、创新发展战略

创新是国家振兴之源、强盛之基。战略性新兴产业是以重大技术突破和重大发展需求为基础，对经济社会全局和长远发展具有重大引领带动作用，知识技术密集、物质资源消耗少、成长潜力大、综合效益好的产业。加快培育和发展战略性新兴产业对推进我国现代化建设具有重要战略意义。

2010 年 10 月 10 日，国务院出台了《关于加快培育和发展战略性新兴产业的决定》，重点加快节能环保、新一代信息技术、生物产业、高端装备制造、新能源、新材料、新能源汽车等七大战略性新兴产业领域发展。根据战略性新兴产业的发展阶段和特点，要进一步明确发展的重点方向和主要任务，统筹部署，集中力量，加快推进。

2016年12月19日，国务院印发《"十三五"国家战略性新兴产业发展规划》，对"十三五"期间我国战略性新兴产业5年和15年的发展目标、重点任务、政策措施等做出全面部署安排。规划提出到2020年，战略性新兴产业增加值占国内生产总值比重达到15%，形成新一代信息技术、高端制造、生物、绿色低碳、数字创意等5个产值规模10万亿元级的新支柱，并在更广领域形成大批跨界融合的新增长点，平均每年带动新增就业100万人以上。创新能力和竞争力明显提高，形成全球产业发展新高地。产业结构进一步优化，形成产业新体系。到2030年，战略性新兴产业发展成为推动我国经济持续健康发展的主导力量，我国成为世界战略性新兴产业重要的制造中心和创新中心，形成一批具有全球影响力和主导地位的创新型领军企业。

党的十九大报告指出，创新是引领发展的第一动力，是建设现代化经济体系的战略支撑。要瞄准世界科技前沿，强化基础研究，实现前瞻性基础研究、引领性原创成果重大突破，加快建设创新型国家。加强应用基础研究，拓展实施国家重大科技项目，突出关键共性技术、前沿引领技术、现代工程技术、颠覆性技术创新，为建设科技强国、质量强国、航天强国、网络强国、交通强国、数字中国、智慧社会提供有力支撑。加强国家创新体系建设，强化战略科技力量。深化科技体制改革，建立以企业为主体、市场为导向、产学研深度融合的技术创新体系，加强对中小企业创新的支持，促进科技成果转化。倡导创新文化，强化知识产权创造、保护、运用。培养造就一大批具有国际水平的战略科技人才、科技领军人才、青年科技人才和高水平创新团队。

贯彻落实党的十九大精神，就是要以更大力度实施创新驱动发展战略，按照系统创新的思想，完善普惠性支持政策，加快建立以企业为主体、需求为导向、产学研深度融合的技术创新体系。要实施国家制造业创新中心建设工程，聚焦战略性、引领性、重大基础共性需求，建成一批高水平制造业创新中心。要加快应用基础研究，拓展实施国家重大科技项目，加大关键核心技术攻关和成果转化力度，培育一批创新型领军企业。要实施工业强基工程，构建体系化、长效化推进机制，突破重点领域发展的基础瓶颈。

第三节　资本市场与实体经济

一、利用资本市场服务实体经济

在 2017 年全国金融工作会议上，习近平总书记指出，金融要把为实体经济服务作为出发点和落脚点，把更多金融资源配置到经济社会发展的重点领域和薄弱环节，更好地满足人民群众和实体经济多样化的金融需求。要坚持质量优先，引导金融业发展同经济社会发展相协调，促进融资便利化、降低实体经济成本、提高资源配置效率、保障风险可控。要发挥市场在金融资源配置中的决定性作用，坚持社会主义市场经济改革方向，处理好政府和市场关系，完善市场约束机制。

习近平总书记的讲话高屋建瓴，为资本市场更好地服务实体经济指明了方向。金融是实体经济的血脉，为实体经济服务是金融的天职，是金融的宗旨，也是防范金融风险的根本举措。本固才能枝荣，根深才能叶茂。

证券行业属于金融服务业，是资本市场的组织者、参与者和推动者，通过服务创新创业公司，并以此促进证券公司自身的发展，符合国家的政策导向和证券公司的战略发展目标，是证券行业强基固本之道。同时，在深化供给侧改革，加快建设创新型国家的宏观经济背景和"依法监管、全面监管、从严监管"的政策背景下，证券行业竞争日趋白热化，证券公司的发展模式也必须由外延式发展向内涵式发展转变，从同质化竞争转向差异化竞争、从单一服务功能转向综合服务功能、从以产品为中心转向以客户为中心。证券公司支持创新创业公司发展，也是坚持以客户为中心，实行差异化经营策略，不断优化业务结构的明智举措。

发展创新创业公司债券，是从债券市场层面积极响应新时代号召，落实国家创新驱动发展战略，支持大众创业、万众创新，服务供给侧结构性改革，促进产业结构调整和经济转型升级的重要举措。加强创新创业公司债券的理论和实践研究，是对国家创新发展战略的支持和响应，有利于深入推进创新创业公司进行直接融资的渠道建设。

从企业的成长规律来看，创新创业公司通常处于成长的初级阶段，企业固定资产规模较小，利用传统渠道获得融资的手段有较大的局限性。研究和发展创新创业公司债券融资方式，有助于拓宽创新创业公司的融资渠道，为中小高科技企业快速成长提供有力的金融支持。创新创业公司债券相比银行贷款等间接融资工具，在合同约定条款以及资金使用方式等方面更加符合创新创业公司的资金使用特点，企业可以根据产品研发和市场拓展需要，灵活设计和约定风险管理方案，利用分级、转股等多种方式实现多样化、个性化的直接融资。

创新创业公司债券作为一种标准化直接融资工具，有助于丰富市场分层，推进多层次资本市场建设。创新创业公司债券法律关系更为明确与清晰，信息披露要求也较高。交易所创新创业公司债券作为顺应产业结构转型的积极举措，能够对传统融资工具如信托、股权合作协议等非标资产起到优化和完善的作用，有利于提高金融市场的流动性和透明度，降低金融体系内部的系统性风险，同时也能进一步丰富债券品种类型，促进债券市场深化发展。

创新创业公司债券一般有着较高的收益率，同时与其他类别资产的相关系数较低，有助于丰富债券投资品种，满足包括保险公司、高收益共同基金、养老基金、股权投资基金、夹层投资基金、投资级基金和海外投资者等不同风格投资者的资产配置需求，缓解日益突出的"资产荒"矛盾。

二、加强创新实践不断积累经验

我国经济增长方式正在由规模型向高质量型转变，建设良好创新生态是实现经济增长方式转型的重要基础。

在行政审批制度改革和"双创"风潮的带动下，我国市场主体持续保持旺盛增长势头。来自国家工商总局的统计显示，2016年，众创空间、孵化器等新兴服务业呈现快速增长态势，同比分别增长47.3%、40.9%，为创新创业提供了良好的发展环境。2017年上半年，全国新登记市场主体887万户，同比增长13.2%，平均每天新设4.9万户；新登记企业291.1万户，同比增长11.1%，平均每天新设 1.6 万户。从事第三产业的创业企业增速不断提高，有效推动了产业结构的调整和优化。基于"互联网＋"的新商业模式不断涌现，产业结构在数字化经济推动下不断迸发新活力，产生新动能。数字经济进一步推动第三方专业服务领域的创新创业，与市场中介业务相关的如管理咨询、教育培训、人力资源、财务法律咨询、物流快递等新型业态快速发展，市场交易成本迅速下降，创新经济崛起的势头非常显著。

近年来，中国证监会积极推动多层次资本市场建设，逐步摸索出一套适合创新创业公司发展规律的债券直接融资体系。

2012 年 5 月，我国中小企业私募债券业务试点正式启动，标志着我国开始尝试引入海外高收益债券这一品种为创新创业公司提供直接融资。作为一项新产品，其中势必存在许多需要完善的地方，比如法律法规的健全、高风险偏好型投资机构的培育、市场基础设施的完善等。

2015 年 6 月，国务院印发《关于大力推进大众创业万众创新若干政策措施的意见》，提出要"优化资本市场"以推进创新创业发展，"支持符合条件的创业企业上市或发行票据融资，并鼓励创业企业通过债券市场筹集资金"。为贯彻落实国家创新驱动发展战略，推动大众创业、万众创新，积极落实金融服务实体经济的政策要求，资本市场积极行动，共同努力推进创新创业公司债券的推广发行。

2016 年 3 月，在中国证监会的支持和引导下，上海证券交易所发行挂牌了全国首批创新创业公司债券，债券发行总规模 6000 万元，发行主体为三家苏州的创新创业公司，其中方林科技 2000 万元、金宏气体 3000 万元、普滤得 1000 万元。

2016 年 7 月，中国证监会成立"创新创业公司债券"试点专项工作小组，加强创新创业公司债券的试点推广，积极推动创新创业公司债券的快速发展。

2016 年 10 月，我国资本市场首次以"创新创业"公司债券冠名的公司债券顺利发行，随后在深圳证券交易所成功挂牌，专项试点工作取得阶段性成果。本次挂牌的创新创业公司债券由东吴证券负责承销，发行主体为苏州的三家创新创业公司，分别是昆山龙腾光电、苏州德品医疗和苏州传视。随着创新创业公司债券的逐步推出，苏州地区中小科技型企业的直接融资渠道得到拓展，苏州地方经济产业转型得到资本市场的有力支持。

2017 年 10 月 16 日，在党的十九大召开前夕，全国首批创新创业可转换公司债券"17 伏泰转"、"17 旭杰转"在上海证券交易所成功发行，主承销商均为东吴证券。此举标志着非上市公司在沪、深交易所发行创新创业可转换公司债券正式落地，资本市场服务实体经济又添利器。

为了给创新创业公司债券的发行提供更加良好的市场环境和政策环境，许多地方政府都已推出或已明确了创新创业公司债券的政府支持政策。如苏州市政府明确给予创新创业公司债券发行企业融资规模 2% 的发行费用补贴；深圳福田区给予创新创业公司债券发行主体融资规模 2%、最高 200 万元的发行费用补贴并给予金融机构和中介服务机构按融资规模 1%、最高 100 万元补贴；杭州市滨江区政府给予发行主体融资规模 1%～3%、最高 200 万元的费用补贴等。

在中国证监会、中国证券业协会、沪深证券交易所、全国中小企业股份转让系统有限责任公司（以下简称全国股转公司）、中国证券登记结算有限责任公司（以下简称中国结算）等部门的共同推进下，证券行业全力推进创新创业公司债券业务创新，不断提升证券市场服务创新创业公司的广度和深度。

INNOVATION
ENTREPRENEURSHIP

第二章
创新创业公司理论评述

　　大众创业、万众创新，将成为中国经济增长新引擎。

——国务院总理李克强

创新创业公司与传统大中型企业相比，在成长机制、绩效评价以及政策支持方面有着特殊的发展规律，这一特殊规律会对创新创业公司通过债券方式进行直接融资产生重大影响。因此，研究创新创业公司独特的发展规律，把握其内在成长机制，对于推进创新创业公司债券市场的平稳健康发展，有着重要的理论和实践意义。

第一节　创新创业公司的成长机制

一、公司治理理论

创新创业公司的崛起是后工业社会、人类步入信息文明的背景下产生的必然现象。正如马克思所言，未来社会将是"自由人的联合体"。信息技术的发展特别是互联网经济的日趋成熟，使得这一趋势愈发明显。

与创新创业公司发展相关的基础理论主要有创新理论、中小企业成长理论、新制度经济学理论等，这些理论都包含一个基本的假设，即在人类社会经济活动中普遍存在的交易成本。随着人类社会数字化程度的提高以及大数据处理技术、区块链技术的蓬勃发展，交易成本的作用方式已经有了很大变化，体现在创新创业公司上则更为突出。

（一）公司治理

公司是社会化大生产的产物，作为一项重要的制度创新，正如科斯（1937）[①] 对企业的性质所做的判断，公司的边界取决于内外部交易成本的均衡。公司治理表面看是委托—代理关系，其实质还是信息不对称环境下的交易成本策略。

1999 年经合组织（OECD）发布的《公司治理原则》中强调，董事会负责对公司战略规划的执行进行指导和监督，并做好战略风险评估、财务控制等，经营者负责不断完善组织结构和业务流程，提高经营效率，降低经营成本。

公司治理是公司内部权、责、利关系的制度安排，涉及授权、激励、监控等机制的设计。从委托—代理的角度考察，即公司控制权与剩余索取权如何达到最优配置的问题。《指导意见》中提出在创新创业公司债券试点初期，重点支持已纳入全国中小企业股份转让系统（新三板）创新层的挂牌公司，也是考虑到新三板企业通过挂牌实现规范化运作，公司治理相对完善的因素。

（1）治理结构。公司治理主要表现为股东大会以及董、监、高之间的权力安排和相互关系。能否有效化解分歧、凝聚力量，降低

---

① Coase R. H. The Nature of the Firm [J]. Economica, 1937, 4 (16): 386 – 405.

交易成本，是衡量治理结构优劣的标准。

钱颖一（1995）[①] 认为，公司治理结构"是一套制度安排，用来支配若干在企业中有重大利害关系的团体，包括投资者、经理、工人之间的关系，并从这种安排中实现各自的经济利益。"

因此，公司治理结构包含三要素：一是控制权的配置和行使；二是董事会、管理层和员工的监督考核；三是评价激励机制。在现代企业组织中，董事会与管理层的权责分工以及协同效果，对公司发展具有较大影响。由于创新创业公司在成长过程中会经历多种治理形态，董、监、高之间以及内部核心团队成员之间的权利责任关系经常处于剧烈的变动过程中，更增加了分析的复杂性和不可控性。

（2）内部控制。公司治理落地实施的具体载体是公司的内部控制制度。一个完整的内控体系框架主要包括环境控制、流程管控、风险合规评估、信息沟通机制、监督考核机制。

创新创业公司的内部控制大多不够完善，除非为了满足资本市场的要求，比如挂牌新三板或登陆 A 股市场，才会在中介机构的帮助辅导下建立一整套完整的公司治理制度，即便如此，其实际治理状况离真正的执行到位还有很大距离，这些都对企业进行直接融资构成潜在威胁。有效的企业内部控制体系，只有伴随组织的发展进化才能不断趋于完善，是公司董事会、经理层以及核心成员相互博弈权衡的过程。只有内部控制完善的创新创业公司，才能够依法合规地开展生产经营，维持企业的高效运转。

---

① 钱颖一：《企业的治理结构改革和融资结构改革》，载《经济研究》，1995 年第 1 期，第 20 ~ 29 页。

（二）创新创业公司的公司治理

（1）生命周期。从生命周期角度考察，创新创业公司主要包括创业期、成长期、成熟期、衰退期四个阶段。创业期主要指新产品研发和商业模式形成期，市场以及基础客户的培育是这一阶段的主要任务。

成长期是企业市场份额快速扩张、客户基数开始呈指数增长、业务收入和各项财务指标都进入高速增长的阶段。

成熟期是产品技术趋于成熟、用户习惯基本形成、公司品牌市场宣导成为主要任务的阶段。

衰退期是在新技术和新产品的冲击下，公司传统业务收入下降、大部分产品或服务被取代、公司发展面临较大挑战的阶段。

在创新创业公司的创业期和成长初期，大多由创始人以及核心技术人员组成家族式或准家族式的治理结构。初创企业主要的压力来自外部市场开拓或技术专利的产品化研发，内部管理往往一人多岗，日常财务大多外包或由家庭成员兼任。企业融资也以内源融资为主，通过天使基金或创业投资获得资本的代价较大。

在企业的成长期和成熟期，管理人力资本和投资的重要性不断增加，技术市场的压力逐渐降低。剩余索取权的合理分配显得较为重要，企业会引入职业经理人参与公司的生产经营管理，加强内部控制，完善组织结构，强化委托—代理关系成为这段时间创新创业公司的主要特点。

随着互联网等信息技术的迅速发展，委托—代理问题有了新的解决办法。一些技术背景较强的创新创业公司，创始人通过获取实时的生产销售数据，能够突破地域和空间的限制，及时处理问题并做出决策。管理层控制的问题得到一定程度的缓解，这是数字化时代的一种积极变化。

（2）创新创业公司的治理优化。

1）对于处于创业期的创新创业公司，应建立以人力资本治理为主的治理结构，如通过实行股票期权制度来优化公司治理。

2）对于处于成长期的创新创业公司，应建立以人力资本治理为主、股东治理为辅的治理结构。企业可以充分利用资本市场解决资金需求，并实现规范化公司治理。国内初步形成的多层次资本市场是此类公司解决资金问题和优化公司治理模式的主要方向。

3）对于处于成熟期的创新创业公司，应建立股东治理为主的公司治理结构，通过规范化、标准化、科学化管理为公司稳健发展打下坚实的基础。

管理层收购（Management Buy Out，MBO）是解决管理层与实际控制人之间权利博弈的重要方法之一，公司管理层利用借贷资金或股权交易收购和控制公司。MBO对于完善企业治理结构、有效整合社会资源、降低委托—代理成本、提高企业经营效率都发挥着重要作用，是经过实践验证的金融创新活动。

4）对于处于衰退期的企业，应以股东治理为主，尽可能协调各方资源，促进企业的产品研发和技术转化，完成企业的彻底蜕变和转型。

（3）创始人权威。创新创业公司的核心资源是人力资本，即创始人和创业团队。创新创业公司的控制权应该掌握在创始人及创业团队手中，才能充分利用创始人的领袖气质，捕捉并利用有利环境，引领企业在逆境中坚持，在行业出现重大机遇时迎风而起。阿里巴巴集团控制权争夺的案例就充分说明了这一点。

（4）董事会治理。董事会是公司治理的核心，有效的治理机制和合理的治理结构对企业绩效改善将发挥重大作用。近年来，学界对此做了不少研究。例如，Jeasen 和 Murphy（1999）[1] 通过实证研究发现，在 1980~2000 年，美国大公司的内部治理机制是"彻底失败的"。陈晓红等（2007）[2] 通过选取我国中小上市企业与董事会治理水平相关的一些指标，以董事会规模、董事长是否兼任总经理、董事平均薪酬、董事持股比例、董事素质、独立董事比例、董事会会议次数、控股股东性质为解释变量，发现除了董事持股比例和年薪数额与企业成长性之间存在一定的相关关系，我国中小上市公司的董事会治理水平与企业的成长性基本没有相关关系。这些实证研究结果与理论假设的偏离从另一个侧面表明，创新创业公司在治理结构优化方面还存在较大的改善空间。

对于创新创业公司来讲，技术创新具有重要的先导作用，是企业生存发展的生命线。董事会是公司与外部投资人交流的平台，在获取关键信息和有价值资源方面具有一定优势，在一些关键阶段和关键项目上有可能发挥良好的创新推动作用。

李小青和胡朝霞（2016）[3] 以 2010~2013 年在我国 A 股创业板上市的 153 家公司董事会的知识结构以及认知特征为对象，研究发现具

---

[1] Jensen M. C., Murphy K. J. Performance Pay and Top Management Incentive [J]. Journal of Political Economy, 1999, 98（2）：225－264.

[2] 陈晓红、尹哲、曾江洪：《中小企业董事会治理水平与成长性关系之研究——基于沪深中小上市公司的经验分析》，载《华东师范大学学报》（哲学社会科学版），2007 年第 39 期，第 115~120 页。

[3] 李小青、胡朝霞：《科技创业企业董事会认知特征对技术创新动态能力的影响研究》，载《管理学报》，2016 年第 13 期，第 248~257 页。

有营销、销售和研发背景的董事会成员对技术创新有一定的促进作用；董事会成员的教育水平与创新能力显著正相关，成员行业外背景知识同创新能力显著负相关。与此相对应，如果企业首席执行官（CEO）权力过大，将部分抵消董事会成员支持技术创新的一些背景优势。研究表明，对于创新创业公司，良好的公司治理结构以及合理的董事会成员构成，将对企业技术创新和业务发展起到积极作用。

曾江洪和秦宇佳（2011）[1] 专题研究了 A 股上市中小企业独立董事的身份，如学历、年龄、薪酬、任期、兼职数目和职业背景的多样性等特征与中小企业成长性的关系，研究发现独立董事的比例、薪酬、职业背景的多样性等与企业成长性呈现显著的正相关关系；学历与企业成长性呈现不显著的负相关关系；年龄和兼职数目与企业成长性呈现较为显著的 U 型关系。

施国洪等（2013）[2] 通过研究发现，领军人才创业企业的内在特征和成长规律与一般类型的创新创业公司有所不同。政府应该以需求为导向来制定政策服务内容，搭建平台、引进人才和培育项目三者应该有机结合。政府支持的重点应该放在优化创业环境，同时引导和整合社会网络资源以及金融资源。

二、商业模式

对于创新创业公司来说，商业模式起到决定企业命运的关键作

---

① 曾江洪、秦宇佳：《独立董事特质与中小企业成长性——基于中小企业板上市公司的实证研究》，载《财务与金融》，2011 年第 2 期，第 64～68 页。

② 施国洪、张继国、宦娟：《领军人才创业企业培育机制研究——以江苏常州为例》，载《科技进步与对策》，2013 年第 30 期，第 110～112 页。

用，优秀的企业家往往都是通过设计并实施新颖的商业模式，实现差异化优势，避开市场主导企业的攻击，并借助资本市场迅速扩大市场覆盖面，进而颠覆原有的传统商业模式。

创新创业公司的商业模式可以从多个视角进行研究。从创新结果导向可以分为产品、工艺、技术创新以及市场、运营、商业模式创新；从创新程度导向可分为渐进创新和突变创新；从创新主体角度可分为本土创新和海归创新。

商业模式创新也可从以下三个维度进行分析[①]：内容维度，即提出新价值主张或新的增值活动；结构维度，即引入新的交易伙伴或新的供应链管理方式；治理维度，即引入新的交易机制或内控规则。

互联网和信息技术的发展，推动商业模式的快速变革。传统优势企业的价值创造方式和竞争优势受到降维冲击。不论是传统行业，还是创新创业公司，商业模式创新都是决定企业生存和发展的关键性战略问题（Zott 和 Amit，2007[②]，2008[③]，2010[④]；Doganova，2009[⑤]）。

Aldrich 和 Martinez（2001）[⑥] 认为，商业模式的内容创新主要是

[①] Amit R. , Zott C. Creating Value through Business Model Innovation [J]. MIT Sloan Management Review, 2012, 53 (3): 41 –49.

[②] Zott C. , Amit, R. Business Model Design and the Performance of Entrepreneurial Firms [J]. Organization Science, 2007, 18 (2): 181 –199.

[③] Zott C. , Amit, R. The Fit between Product Market Strategy and Business Model: Implications for Firm Performance [J]. Strategic Management Journal, 2008, 1 (29): 1 –26.

[④] Zott C. , Amit, R. Business Model Design: An Activity System Perspective [J]. Long Range Planing, 2010, 43 (2): 216 –226.

[⑤] Doganova L. , Eyquem – Renault M. What do Business Models do?: Innovation Devices in Technology Entrepreneurship [J]. Research Policy, 2009, 38 (10): 1559 –1570.

[⑥] Aldrich H. E. , Martinez M. A. Many Are Called, But Few Are Chosen: An Evolutionary Perspective for the Study of Entrepreneurship [J]. Entrepreneurship: Theory and Practice, 2007, 25 (4): 293 –311.

基于网络学习，进而触发诱致性技术变迁而产生新价值的过程。利用创业网络是创新创业公司持续推进价值创造活动的重要手段。

云乐鑫等（2017）[1] 研究认为，技术型创业企业能从两方面推进商业模式的内容创新。一是利用社交网络进行获得性学习，通过网络学习获取新知识和新信息，进而实现商业模式的内容创新；二是在互联网上进行试验性学习，通过创造新知识进而实现商业模式的内容创新。商业模式内容创新大多是渐进性的，由一系列创新事件组合而成的连续过程。商业模式内容创新在企业发展的不同阶段，其网络结构和机制行为同样存在差异。

三、成长环境

创新创业公司成长环境主要指创新创业公司所处的区位经济地理、社会资本、创新网络、人力资源等要素的综合体。中国证监会发布的《指导意见》中也明确要求，创新创业公司必须处在高新技术产业园区等创新区位条件较好、创新创业资源集聚的地方，也是考虑到发展环境对此类企业所起的促进和保障作用。

国外有学者统计发现，创新创业公司 5 年后的失败比例高达 55%，有 40% 的创新创业公司存活期不超过 1 年。[2]

影响企业创新的环境一般包括企业所在地区的基础设施建设、财政税收政策，特别是科技金融政策、固定资产投资、风险投资、

---

① 云乐鑫、杨俊、张玉利：《创业企业如何实现模式内容创新——基于"网络—学习"双重机制的跨案例研究》，载《管理世界》，2017 年第 4 期，第 119～137 页。

② Shane S. A. The Illusions of Entrepreneurship：The Costly Myths That Entrepreneurs，Investors，and Policy Makers Live By［M］. Yale University Press，2008.

相关产业集聚度等因素。另外，城市的地理、交通、教育、文化以及高等院校和科研机构的数量对创新环境也有较大影响。

Kolvereid 和 Obloj（1994）[①] 认为，创新创业环境是否友好可以从几方面来评估：一是环境的友好度，要形成广泛的鼓励创业、容忍失败的价值取向；二是环境的稳定性，包括工商、司法、市场等基础制度安排的相对稳定性；三是技术资本的成熟度，具有一定产业集群基础的区位要优于没有形成集群效应的区位；四是人力资源的成熟度；五是供应商和消费者的易得性。

Abetti（1992）[②] 的研究发现，创新创业型企业更应该选择 R&D 资源丰富、政府扶持力度较大的区位，并且有一定的技术资本的积累，各种成功要素都具备和各种要素正快速培育的区域。

刘小元和李永壮（2012）[③] 通过对 2009～2010 年已在创业板上市的企业和拟上市的企业分析，发现创新环境对于创新创业公司有显著的影响。市场化程度越高的地方，创新企业技术研发投入越大，并且创新产出更为显著，而区域知识产权保护会在一定程度上抑制创新创业公司的研发投入。

区位环境因素对于创新创业公司的影响还可以从对落后地区的比较研究中得到启发，刘冬梅等（2016）[④] 以秦巴山集中连片特殊困

① Kolvereid L., Obloj K. Entrpreneurship in Emerging Versus Mature Economies: an Exploratory Survey [J]. Journal of Business Venturing, 1993, 8 (3): 211–230.
② Pier A. Abetti. Planning and Building the Infrastructure for Technological Entrepreneurship [J]. International Journal of Technology Management, 1992, 7 (13): 129–139.
③ 刘小元、李永壮：《董事会、资源约束与创新环境影响下的创业企业研发强度——来自创业板企业的证据》，载《软科学》，2012 年第 26 期，第 99～104 页。
④ 刘冬梅、郭强、王伟楠：《贫困地区中小企业创新发展的特征与需求研究——以秦巴山区连片特困地区为例》，载《中国科技论坛》，2016 年第 1 期，第 144～149 页。

难地区 80 个县市区的 326 家中小企业为对象，分析该地区创新创业公司的创新特点，研究发现这些企业创新理念较发达地区落后，希望政府能够直接给予支持和帮助，主动提升自身内在创新能力的动力和机制较弱，适应市场、服务市场、拓展市场的能力有待加强，政府在营造创新发展的软环境方面要进一步提升。

科技金融在区域创新环境要素中往往扮演着关键角色。李瑞晶等（2017）[①] 以 2005～2015 年中小板、创业板 127 家上市公司及其所处省市的科技金融投入的面板数据为样本，分析得知科技金融的创新驱动机制在不同成熟度的地区存在差异，成熟度高的北上广地区，财政支持以及风险投资对其创新的支持效果要优于科技金融成熟度低的地区。因此，在制定不同地区的区域创新政策时，要充分考虑科技金融成熟度，因地制宜地采用合适的财政扶持政策和资本工具。

郝敬鑫和杨忠（2012）[②] 对中国 52 个城市 6 万多家企业做了全样本统计分析后，发现创新创业公司的创新绩效存在显著的区域差距。一个区域的人才、制度、市场竞争力，以及营商品牌、原产地品牌、产业集群、用户需求作为区域创新的基本要素，直接影响创新创业公司的创新绩效。

地方政府在营造良好创新环境的同时，应该有意识地创造良好的区位环境，促进新技术与新知识的交流和生产，建设便捷的信息

---

① 李瑞晶、李媛媛、金浩：《区域科技金融投入与中小企业创新能力研究——来自中小板和创业板 127 家上市公司数据的经验证据》，载《技术经济与管理研究》，2017 年第 2 期，第 124～128 页。

② 郝敬鑫、杨忠：《区域因素对创业企业创新绩效影响探析——基于中国 52 个城市创业企业统计数据的研究》，载《江苏社会科学》，2012 年第 6 期，第 84～89 页。

交流互动平台，完善互联网等通信工具，降低创新创业公司研发风险。政府还需通过区域创新文化的打造以及科技人才资源的供给，提高区域要素的创新效率。

第二节　创新创业公司的绩效评价

创新是创新创业公司的生命源泉，创新绩效评价对于创新创业公司来讲具有重要意义。研究影响创新活动绩效的各类因素，掌握其中的运行规律，可以更好地指导创新创业公司的创新活动，也可以为创新创业公司债券融资和风险评估提供理论指导。

一、创新绩效的评价标准

创业企业创新绩效一般通过与主要竞争对手的比较，从五个方面进行评价：一是率先并持续推出新产品和服务；二是新产品或新服务市场成功率较高；三是新产品发布迅速且市场反应良好；四是新产品包含最新的技术与工艺；五是新产品对市场的渗透率较高。

评价手段主要通过问卷调查和公开信息，其中 A 股上市的创业板以及中小板企业信息披露较为全面，现已成为研究的热点。近两年股转系统发展迅速，新三板挂牌企业数已突破万家，基于新三板企业的创新绩效研究将产生更加丰富的研究成果。

二、创新绩效的评价维度

创新创业公司开展创新活动受到内外部环境的影响。创新绩效评价一般都是从创新主体和创新客体两个维度进行评价。创新主体维度主要研究创新创业公司在创业学习、创业导向、企业家背景等方面对于创新绩效的影响。创新客体维度主要研究社会关系网络、政府补贴、企业孵化器等环境变量对创新绩效的影响。

三、创业学习与创新绩效

创新创业公司大多以新技术、新知识、新产品为突破口，以内部组织结构和企业文化为导向，并且以学习型组织和扁平化管理为主要特征。创业企业创新过程中，很重要的一点是在失败的经验中总结提炼新知识，提高在未知领域进行创新探索的成功概率。

技术不确定性是创业失败的主要因素。随着互联网、大数据和人工智能技术的普及，新产品、新技术的生命周期更短，技术迭代更新的速度不断加快，创业者往往采取"执见"与"觉悟"为代表的灵感式决策模式。系统全面的研发战略和长周期的产品开发模式，在稍瞬即逝的市场机会面前已经显得过时无力。苹果公司的产品并无先例可循，而是完全依靠乔布斯的个人直觉和完美主义设计思想创造了商业奇迹。相反，诺基亚公司曾经构建了当时规模最大、数据量最多的用户行为数据库，为其新产品研发提供数据支持和验证。但是，最终结果却是曾经辉煌一时的诺基亚手机在短短数年之内就被市场无情淘汰。

于晓宇和蔡莉（2013）[1] 以问卷调查的方式分析电子信息行业、新能源与新材料行业、生物医药行业、集成光学行业等高科技行业的企业创业学习与创新绩效的关系，并着重从失败情景考察因果关系。研究分析认为，个体与组织层面的创业失败行为均对创新绩效有显著正向作用和交互作用，个体研究的失败经验更值得总结和反思；有计划的失败经验比无计划的失败经验对创新绩效的影响更正面；从组织行为层面分析，个体失败经验的归纳总结是提高组织创新绩效的重要途径；创新创业公司在组织的开放、包容、共享方面做得越好，对新知识的产生与挖掘效率越高，创业学习的能力就越强。

在很大程度上，创新就是产生新知识的过程，创业就是将新知识推荐给市场，取得市场广泛认同的过程。新知识的产生过程是人类特有的生存与发展技能，进入数字化时代以后，人类发现和发明新知识的能力有了极大的提高，以深度机器学习和大数据技术为手段，知识创新进入空前繁盛的阶段。大量的创新创业公司不断涌现，在机遇层出不穷的同时，商业环境的快速演变以及技术基础的迭代更新，使得企业生命周期更加短暂，投资风险愈加突出。

四、创业导向与创新绩效

创业导向[2]是指企业按照前瞻性、冒险性与创新性的决策方式进

---

① 于晓宇、蔡莉：《失败学习行为、战略决策与创业企业创新绩效》，载《管理科学学报》，2013 年第 16 期，第 37~56 页。

② Covin J. G. , and Slevin T. J. A Conceptual Model of Entrepreneurship as Firm Behavior ［J］. Entrepreneurship：Critical Perspectives on Business and Managemeny，1991（3）：5 – 18.

行日常管理和实践。创业导向实质上是一种以企业家精神为内涵，通过创造性地整合企业和外部资源，率先把握新商机，通过开发新产品和服务占领新市场，以此树立行业领导地位的发展战略。

创业导向的三个维度对绩效影响并不相同，相互之间还会出现矛盾冲突。Matsuno 等（2002）[①]和魏江和焦豪（2008）[②]提出研究创新导向与创新绩效的关系还必须同时考虑企业的市场导向。所谓市场导向，Jaworski 和 Kohli（1993）[③]提出了市场导向的三个维度，即信息获取、信息理解和信息反馈。Narver 和 Slater（2004）[④]进一步提出存在两种不同类型的市场导向，即积极的市场导向和被动的市场导向。目前大多数研究是基于被动型市场导向展开。

李雪灵等（2010）[⑤]研究认为，创业导向和积极的市场导向对创新创业公司的创新绩效有着重要影响，市场化的创业导向与外部制度环境的相互影响决定了创业活动的发展方向以及成败与否。研究进一步建议，完善的法制体系、融资体系、教育体系、信任体系对于区域创新功能的发挥至关重要。

[①]　Matsuno K. , Mentzer J. T. , Ozsomer A. The Effects of Entrepreneurial Proclivity and Market Orientation on Business Performance [J]. The Journal of Marketing, 2002, 66（3）: 18 - 32.

[②]　魏江、焦豪:《创业导向、组织学习与动态能力关系研究》，载《外国经济与管理》，2008 年第 30 期，第 36 ~ 41 页。

[③]　Jaworski B. J. , Kohli A. K. Market Orientation: Antecedents and Consequences [J]. The Journal of Marketing, 1993, 57（3）: 53 - 71.

[④]　Narver J. C. , Slater S. F. , MacLachlan D. L. Responsive and Proactive Market Orientation and New - Product Success [J]. Journal of Product Innovation Management, 2004, 21（5）: 334 - 347.

[⑤]　李雪灵、姚一玮、王利军:《新企业创业导向与创新绩效关系研究: 积极型市场导向的中介作用》，载《中国工业经济》，2010 年第 6 期，第 116 ~ 125 页。

五、社会关系网络与创新绩效

创新创业公司的社会关系网络与创新绩效之间存在密切的关联。目前，学术界将社会关系网络分为本地关系网络和海外关系网络两类。现代社会企业边界出现日渐模糊的趋势，随着网络社交媒体的普及以及个人主权时代的来临，传统的企业边界理论受到挑战。

本地关系网络主要包括政府关系和市场关系两种类型[①]。有研究发现，在企业创业导向不明确的情况下，政府关系网络并不有利于企业提升创新绩效。究其原因，主要在于针对政府扶持政策的"寻租"行为。创新创业公司大多缺少历史业绩参考，商业模式或产品技术还未得到市场的充分检验。政府部门缺少行业专家对这些申请扶持项目进行专业辨别，对未来商业前景的可行性判断依据不足。另外，政府专项扶持政策会引导创新创业公司进入政府部门希望大力发展的创新领域，对其他类型的创新活动产生一定的挤出效应。历史经验证明，政府部门对未来技术发展路径尤其是产品服务模式的预测经常与实际情况大相径庭。因此，创新创业公司更应该发展市场关系网络，通过快速商业迭代，在演化变迁中摸索出有效的商业形态。

根据以上研究，政府部门要重视政府关系网络可能对创业企业带来的负面效应，重点考查企业是否具备基于市场的创业导向，比如创业企业近几年的创新绩效、企业内部是否有鼓励创新的制度安

---

① 朱秀梅、李明芳：《创业网络特征对资源获取的动态影响——基于中国转型经济的证据》，载《管理世界》，2011 年第 6 期，第 105～115 页。

排以及创新发展规划等（郑山水，2015）①。

海外社会网络也可分为技术性网络（OST）和市场性网络（OSM）。创新创业公司中不乏一些回国创业人员，各地政府纷纷利用国家千人计划等政策吸引这类人员落地，并提供全方位的政策支持。这些海归创业者具有独特的社会网络优势，主要体现在普遍与海外高校、科研机构保持密切联系，能够及时获取最新的技术动态和科研信息。此外，有一些海归人员与以前的海外客户和供应商联系密切，有利于开拓海外市场，或借鉴海外先进的商业模式。例如，国内近两年较为风靡的共享经济模式就是受到 Airbnb 的启发。

海归创业企业正在成为中国创新创业公司的重要组成部分。海归型创新创业公司的独特优势通过以下两条传导路径提升创新绩效：一是经由创业学习，传导并实现技术创新能力的提高，进而提升创新绩效；二是经由海外创新资源的获取和整合，传导到新商业模式的构建，从而实现创新绩效的提升。

创新创业公司要充分利用本地和海外双重社会网络的力量，积极培养企业自身的创业导向和市场导向，使得网络优势得到最大程度的发挥。

另外，在创新创业公司发展的不同阶段，社会网络发生作用的机制和效果也存在差别。企业家的教育水平、专业背景、职业背景对创新绩效具有正向影响（郭韬等，2017）②。商业模式创新在企业家背景与创新绩效之间具有部分中介作用。处于成熟期的创新创业公司，

---

① 郑山水：《政府关系网络、创业导向与企业创新绩效》，载《华东经济管理》，2015 年第 5 期，第 54～62 页。

② 郭韬、吴叶、刘洪德：《企业家背景特征对技术创业企业绩效影响的实证研究——商业模式创新的中介作用》，载《科技进步与对策》，2017 年第 34 期，第 86～91 页。

社会网络的作用效果最强，应该充分利用海外社会网络，通过认知性学习推动企业创新，提高企业创新绩效（吴绍玉等，2016）[①]。

六、政府补贴、企业孵化器与创新绩效

各地政府为了推进经济转型，采取直接补贴或是创建企业孵化器等方式为创新创业公司提供创业支撑。研究表明，政府补贴与企业创新绩效呈显著正相关关系。孙慧和王慧（2017）[②] 通过数据分析表明，政府补贴促使企业进行更多的创新投入，但是企业接受政府补贴后，通常会滞后一阶进行后续研发投入，这也符合创新创业公司的一般运营规律。另外，政府补贴的不同种类，比如对设备的补贴、对人员的补贴、事后的奖励补贴，对绩效影响也不一样。

企业孵化器始于20世纪50年代末的美国，之后迅速向世界其他国家和地区扩散。目前，企业孵化器已经成为帮助国内创新创业公司成长与发展的重要工具和手段。企业孵化器的主要支持和服务方式有：提供研发生产场地；建设通信实验等基础设施；开展专题技术培训和管理咨询；建设"一站式"行政服务中心等。企业孵化器的建设能够有效降低创新创业公司的风险和成本，提高创业成功率。

我国企业孵化器建设始于20世纪80年代末，现已成为各地方推动技术创新和产业结构调整的主要载体。随着实践经验的积累，

---

① 吴绍玉、汪波、李晓燕：《双重社会网络嵌入对海归创业企业技术创新绩效的影响研究》，载《科学学与科学技术管理》，2016年第37期，第96~106页。
② 孙慧、王慧：《政府补贴、研发投入与企业创新绩效——基于创业板高新技术企业的实证研究》，载《科技管理研究》，2017年第12期，第111~116页。

企业孵化器进一步与大型机构、资本市场、人才中心、财政支持等有机结合，产生了更加良好的创新绩效。例如，在国有或民营大中型企业当中建设新型小微科技企业孵化平台，完善孵化价值链体系，打造"创业＋孵化＋加速＋倍增"的孵化模式等（杨凯等，2015）①。现实活动中还有各种类型的孵化器，如由政府主办、企业主办、价值链主导的（比较典型的像 BAT 生态圈），对绩效的影响也各不相同。

---

① 杨凯、熊枫、杨礼琼：《大众创业、万众创新背景下的科技企业孵化器建设专项支出绩效评价与创新发展之路——以 G 省 C 市为例》，载《科技管理研究》，2015 年第 35 期，第 37～42 页。

第三节　创新创业公司的政府支持

政府是公共服务的提供者，也是制度规范的制定者和执行者。政府支持①是指当地政府为该地区的企业提供公平有序的市场环境，并对创新创业公司提供特别支持。《指导意见》提出，在试点初期，重点支持注册或主要经营地在国家"双创"示范基地、全面创新改革试验区域、国家综合配套改革试验区、国家级经济技术开发区、国家高新技术产业园区和国家自主创新示范区等区域内的公司，就是充分考虑到政府支持对于创新创业公司发展所起的关键作用。

一、政府支持

政府支持产生的原因主要源自自由竞争市场环境下的市场失灵，企业技术创新活动受到一定程度的抑制。为此，地方政府通过提供

---

① Li H., Atuahene-Gima K. Product Innovation Strategy and the Performance of New Technology Ventures in China [J]. Academy of Management Journal, 2001, 44 (6): 1123-1134.

一定量的公共产品，利用这些公共产品产生的外部性，减少市场失灵和投资不足产生的负面影响，进而推进创新创业公司的成长。

政府支持创新创业公司的方式多种多样，从制度角度可分为正式的制度安排和非正式的政治关联两类①。正式的制度安排主要有财税及融资支持（如研发补贴、税收优惠）、政府采购、知识产权保护，以及软硬件环境建设等。非正式的政治关联②主要是指企业与政府的非正式业务与经济关系，例如工商、税务、行政、公安、司法以及行政机关等政府部门的关系。

另外，地方政府还可以通过各类型金融机构为创新创业公司提供金融支持，如担保、贴息、科技贷款、产业基金和创新创业公司债券。

与政府支持相对应的是商业关系，商业关系是指企业与市场各类主体之间自然的互动关系，包括与消费者、供应商及竞争者的关系等。

二、研发补贴

在政府提供的财税支持中，研发补贴的使用范围和频率较高。研究发现，创新创业公司同一般工业企业在运营管理方面具有不同特点，政府研发补贴对创新创业公司的作用是激励效应和挤出效应并存。

---

① Xin K. , Pearce J. L. Guanxi: Connections as Substitutes for Formal Institutional Support [J]. Academy of Management Journal, 1996, 39 (6): 1641 – 1658.

② Peng M. W. , and Luo Y. Managerial Ties and Firm Performance in a Transition Economy: the Nature of a Micro-macro Link [J]. Academy of Management Journal, 2000, 43 (3): 486 – 501.

政府补贴一方面降低了企业研发成本和风险，诱使企业加大研发投入。另一方面，补贴对创新创业公司的研发具有挤出效应，企业会减少甚至取消在该领域的自身投入，仅使用政府补贴进行研发，还有可能调整现有项目，放弃没有获得资助的研发项目。

因此，刘小元和林嵩（2013）[1] 认为，从长远看，政府研发补贴会降低本地企业跨区域整合资源的能力，同时还会诱发补贴寻租等消极行为，增加管理成本，削弱区域创新体系的支持作用。

三、税收优惠

除了研发补贴外，各级政府为支持创新创业公司发展，比较常用的另一个手段就是税收优惠。地方政府可以根据当地财政收支情况，在地税征缴过程中针对创新创业型企业制定税收优惠政策。为鼓励高新技术企业技术转让，可以免征或减征相关所得税。另外还有个人所得税、加速折旧等税收优惠政策。财税优惠政策能够有效提高创业企业技术创新的积极性，引导创业企业进行原创性技术开发，产生更多技术创新成果。

面向创新创业公司的税收优惠政策，不仅为地方产业升级提供关键支撑，还能够有效促进地方就业、维护社会稳定。地方政府为创新创业公司提供的所得税优惠，某种程度上还具有"集聚"效应，吸引更多创新创业公司前来，形成区域性高新技术产业集群。创新创业公司当中高新技术企业众多，高新技术企业的认定标准较为灵

---

[1]　刘小元、林嵩：《地方政府行为对创业企业技术创新的影响——基于技术创新资源配置与创新产出的双重视角》，载《研究与发展管理》，2013年第25期，第15~25页。

活，其职权一般都下放到各省、自治区、直辖市、计划单列市的科
技管理部门和同级财政、税务部门。对于被认定为高新技术企业的
创新创业公司，地方政府减按 15% 的税率征收企业所得税，因此，
创业企业也将获取高新技术企业资格作为重要发展战略。

地方政府提供所得税优惠的优势在于，所得税优惠能够嵌入企
业技术创新的全过程，产生显著的激励效应。按照规定，创新创业
公司在新产品或服务研发过程中发生的费用，可以在税前扣除；研
发所采购的设备可以缩短折旧期限；参与研发的核心人员减免个人
所得税；研发产生的知识产权转让可减免税收等。

但是，所得税优惠也存在一定的负面效应。一是通过行政手段
影响创新技术资源的合理配置，市场敏感度降低，企业发现和选择
最优技术路径的能力受到干扰；二是会导致市场分割，创新创业公
司跨区域配置资源的能力和技术创新竞争力被削弱。有研究表明，
基于商业关系[①]的技术创新，更有助于促进创新创业公司的科技创
新，推动其快速成长；而基于政治关联的税收优惠政策等长远来看
则具有负向影响。当政府支持力度较大时，商业关系的促进作用和
政治关联的抑制作用都显著增强（杨东涛等，2014）[②]。

因此，把握好政府税收政策的优惠力度非常重要。从长远看，
提供普适的公共产品，营造良好的政商环境，提高市场信息化、数
字化水平，构造优越的基础设施，更有利于创新创业公司的发展。

政府支持的创新政策有助于创新创业公司减少研发的不确定性，

---

① Sheng S., Zhou K. Z., and Li J. J. The Effects of Business and Political Ties on Firm Per-
formance：Evidence from China［J］. Journal of Marketing, 2011, 75（1）：1 – 15.
② 杨东涛、苏中锋、褚庆鑫：《创业企业创新成长的政商环境影响机理研究》，载《科
技进步与对策》，2014 年第 15 期，第 84 ~ 88 页。

企业家能够充分享受到政策优惠，降低市场逆向选择出现的概率，推动创新创业公司建立商业关系，降低政治关联的政策预期。地方政府在制定创新创业支持政策时，要有意识地弱化政府的主导作用，维护市场公平竞争的机制，发挥市场引导作用，从而形成健康可持续的创新经济发展模式。

INNOVATION
ENTREPRENEURSHIP

第三章
创新创业公司融资理论评述

借钱不是坏事，只要你不把它看成像救生圈一样，只在危机时使用，而把它看成一种有力的工具，你就可以用它来创造机会。

——［美］约翰·戴维森·洛克菲勒

第一节　创新创业公司融资理论

一、资本结构与融资次序

现代企业融资结构理论源于 MM 资本结构理论，即在完善市场的经典假设条件下，企业价值与资本结构无关。但是在现实环境中，由于企业信息的不透明，融资市场普遍存在信息不对称的情况，企业资本结构会对投资人产生一定的心理暗示作用。为了提高资本结构理论对现实的解释力，后续研究需要考虑市场存在摩擦的情况。Myers 和 Majluf（1984）[①] 的融资次序理论（Pecking Order Theory）认为，在信息不对称的市场环境中，企业融资方式有时会向市场传达价格信号。例如当企业进行外部股权融资时，市场会认为公司股价有可能已被高估，而导致股价下跌。该研究认为企业的融资次序应该是"内源融资—发行债券—发行股票"。

---

① Myers S. C. , Majluf N. S. Corporate Financing and Investment Decisions When Firms Have Information That Investors Do Not Have [J]. Journal of Financial Economics，1984，13（2）：187 – 221.

二、创新创业公司的金融成长周期

Weston 和 Brigham（1972）① 将企业的成长周期分为创立期、成熟期和衰退期三个阶段，提出了企业金融成长周期理论。在企业成长的不同阶段，企业的融资结构会随着企业资本结构、营业收入和利润等特征而变化。Weston 和 Brigham（1978）② 还进一步将企业的金融成长周期细化为创立期、成长Ⅰ期、成长Ⅱ期、成长Ⅲ期、成熟期和衰退期。Berger 和 Udell（1998）③ 将信息约束、企业规模和资金需求等因素纳入并构建不对称信息条件下的企业融资模型。李巧莎（2013）④ 使用金融成长周期理论分析我国科技型中小企业融资渠道，认为在初创期，科技企业不大可能获得外源融资，除内源融资以外，企业需要政府以贷款贴息和无偿援助的方式给予支持；进入成长期后，科技企业完成最初的原始积累，可以通过银行贷款和风险投资融资；在成熟期，企业形成核心竞争力，经营稳定，融资渠道逐步多元化。上述研究反映出国内外科技型中小企业融资渠道的共同特征，即中小企业在不同发展阶段融资渠道会发生明显变化，政府需要为初创期的中小企业融资提供政策支持。

---

① Weston J. F., Brigham E. F. Managerial Finance ［M］. Holt, Rinehart, and Winston Inc., New York, 1972.

② Weston J. F., Brigham E. F. Managerial Finance ［M］. Dryden Press, New York, 1978.

③ Berger A. N., Udell G. F. The Economics of Small Business Finance：The Roles of Private Equity and Debt Markets in the Financial Growth Cycle ［J］. Journal of Banking & Finance, 1998, 22（6）：613 – 673.

④ 李巧莎：《基于金融成长周期理论的科技型中小企业融资问题研究》，载《科技管理研究》，2013 年第 33 期，第 243 ~ 245 页。

三、创新创业公司的融资环境

金融市场环境对企业创新能力和市场策略都有重大影响。龙勇和常青华（2008）[①] 研究了高技术创业企业创新类型、融资方式和市场策略三者的关系，将创新类型分为突变型和渐进型两种，分析这两类企业通过风险投资和债务筹资时的市场策略差异。风险投资的融资方式会使企业偏好采用积极的市场策略，而债务融资则会让企业采用适度的市场策略。企业完成突变创新时，采取积极的市场策略可以在短时间内建立技术壁垒并积极参与建立行业标准。因此采取突变创新的企业应偏好采用风险投资的融资方式，这样更有利于实施积极的市场策略。相反，渐进创新的高技术企业更偏好债务融资，并采用适度的市场策略。

梅德强和龙勇（2012）[②] 通过搜集到的 164 家中小高技术企业的数据，分析创业能力与企业创新类型和融资方式三者的关系。研究认为创业能力主要是指创新企业掌握的资源与能力，包含机会能力（机会的识别和开发）和运作能力（组织和运营），并给出两者的测量方法。实证结果表明，机会能力与突破性创新、风险资本筹资呈正相关关系，机会能力高更容易取得突破性的创新，而运作能力与渐进性创新、债务融资程度呈正相关关系，运作能力强会使渐进性创新变得更容易。

[①] 龙勇、常青华：《高技术创业企业创新类型、融资方式与市场策略关系研究》，载《科学学与科学技术管理》，2008 年第 1 期，第 70～74 页。

[②] 梅德强、龙勇：《高新技术企业创业能力、创新类型与融资方式关系研究》，载《管理评论》，2012 年第 24 期，第 67～74 页。

李超（2007）[1] 构建了创业资本市场理论模型，研究了企业创新对经济增长的影响，认为对抽象劳动进行深度分工会促进企业技术创新，从而保持长期经济增长。但深度分工将带来交易成本的大幅增长，要保持长期稳定的经济增长需要平衡好抽象劳动与深度分工这两者的矛盾。为提升抽象劳动的深度分工水平，有必要建立完善的创业资本市场，为中小企业和新兴产业提供低成本融资。完善的创业资本市场能够清晰界定产权、降低市场不对称信息、降低融资成本和提高交易效率。

四、创新创业公司的融资难

由于存在信息不对称，使得融资市场无法达到完善市场条件下的最优状态，一些企业会被挤出市场，无法得到足够的融资。创新创业公司由于处于初创期，具有规模小、轻资产、高风险等特点，在传统的融资市场环境中，往往会出现融资困难的问题。

Stiglitz 和 Weiss（1981）[2] 关注到信贷市场上的配给现象（Credit Rationing），信息不对称会造成逆向选择和道德风险，银行会采用信贷配给而不是提高利率来维持供需平衡。万解秋（2005）[3] 分析了银行信贷配给情况下我国中小企业融资的解决方案，认为发展关系

---

① 李超：《高新技术企业创新升级的创业资本市场环境研究》，载《企业经济》，2007 年第 3 期，第 5~8 页。

② Stiglitz J. E. , Weiss A. Credit Rationing in Markets with Imperfect Information [J]. American Economic Review, 1981, 71（3）: 393 –410.

③ 万解秋：《信贷配给条件下的中小企业融资——兼评介入型融资理论和破解策略》，载《经济学动态》，2005 年第 2 期，第 43 ~46 页。

借贷、发展中小金融机构和行政介入都不能在保证融资效率的情况下完全解决中小企业融资难的问题。信贷配给实际是融资体系运作中的市场选择机制，在信息不对称的市场环境中有一定的必然性。政府只有在追求社会效益的情况下介入才是必要的，否则只会扭曲市场机制。政府支持小规模高新技术孵化，将有利于生产和市场的发育。另外，放松直接融资市场限制，完善资本市场风险管理功能，是缓解中小企业融资困境的有效途径。

徐洪水（2001）[①] 通过考察宁波市中小企业融资的问题，归纳出中小企业融资难的四个主要原因：（1）中小企业财务信息失真，群体信用短缺；（2）政府干预使银行的交易成本上升；（3）银行体系的激励机制不对称；（4）资金过度依赖银行信贷。通过建立银企信贷动态博弈模型，证明缩小金融缺口重在降低交易成本。作者提出缓解我国中小企业融资难问题的四点建议，即建立完善中小企业征信系统；提高担保抵押制度效率；强化中小企业的金融支持系统；推动融资制度创新。

凌利峰和吴婷婷（2017）[②] 搜集了江苏南通市江海英才计划资助的 52 家创新创业公司的经营数据，对这批公司的融资意愿和现状进行分析，发现金融体系对创业企业的支持存在资金实力弱、科技银行客户与目标群体偏离、创新金融支持未能广泛惠及企业、评估机构缺乏专业能力、担保公司规模偏小等问题。针对实际存在的问题，作者提出促进高层次人才创业支持的几项对策：政府引导扶持；

---

① 徐洪水：《金融缺口和交易成本最小化：中小企业融资难题的成因研究与政策路径——理论分析与宁波个案实证研究》，载《金融研究》，2001 年第 11 期，第 47～53 页。

② 凌利峰、吴婷婷：《高层次人才创新创业金融支持现状、问题及对策——以江苏省南通市为例》，载《世界农业》，2017 年第 7 期，第 224～229＋240 页。

推进科技项目的投保贷联动合作；加大金融创新以及建立多层次直接融资市场等。

五、创新创业公司的债券融资

创新创业公司的融资主要包括股权性质的融资和债权性质的融资。[①] 对于初创型创新创业公司，以股权融资为代表的天使投资、风险投资虽然成本代价较高，但是相比传统金融机构，常常扮演"雪中送炭"的角色。

因此，从推进长期经济增长的战略角度考量，为创新创业公司提供成本更低的债券融资显得更有现实意义。要切实推进创新创业公司的债券融资，还需要在加强融资担保、完善信用资本形成机制、构造投贷结合框架、发展融资租赁、推进可转债融资以及推进互联网金融等六方面下功夫。各国政府在扶持科技型中小企业过程中积累的经验对创新创业公司的债券融资同样具有借鉴意义。

（一）加强融资担保

耿建芳等（2010）[②] 总结了世界各国中小企业融资担保的实践模式和特点，主要包括健康的银行体系、专业的担保流程、规避企业道德风险、控制杠杆率和健全合规风控等。研究认为国内融资担保制度体系已经较为成熟，但是在定价理论和风险管理方面有待加

---

① 贝政新：《高科技产业化：融资问题研究》，复旦大学出版社 2008 年版，第 234 页。
② 耿建芳、杨宜、李有根：《中小企业融资担保实践与理论研究新进展》，载《金融与经济》，2010 年第 6 期，第 83～85 页。

强，对担保的溢出效应需要进一步的系统考察。

马松等（2014）① 研究了信息不对称市场环境下商业担保机构对信贷市场的影响。在银行和企业的逆向选择框架下引入担保机构以缓解市场失灵，但是不同类型的担保机构会有不同的结果。商业性担保机构由于追求利润使得企业的担保费用上升，抑制企业进入信贷市场；而政府性担保机构不以盈利为目的，能够有效降低企业的借贷担保成本。同时，由于风险降低，银行不再注重搜集个别企业的信息，而是片面追求扩大信贷规模。因此，在不完全竞争市场中，政府性担保机构在缓解融资约束方面更有优势，更有助于提高社会总福利。

（二）完善信用资本形成机制

针对中小企业与金融系统的信息不对称造成的融资难问题，郁俊莉（2009）② 提出企业信用资本概念，即企业所拥有的信用程度能够转化成现实货币的授信额度。信用资本的形成机制包括四个方面：承信—增信平台建设机制、征信—评信系统运行机制、保信—授信确认实施机制以及励信—续信可持续发展机制。利用机制形成理论，国开行、地方政府会同商业银行进行了一系列信贷创新实践，为增加信用资本、缓解中小企业融资困难提供了可借鉴的经验。

---

① 马松、潘珊、姚长辉：《担保机构、信贷市场结构与中小企业融资——基于信息不对称框架的理论分析》，载《经济科学》，2014 年第 5 期，第 62 ~ 78 页。
② 郁俊莉：《中小企业信用资本形成机制及对融资支持的研究》，载《中南财经政法大学学报》，2009 年第 5 期，第 122 ~ 126 页。

（三）强化投贷结合

由于科技型企业轻资产、高风险的特点，传统的抵押贷款模式很难应用在科技型中小企业融资中。陈立文等（2016）[①] 探讨了在投贷结合框架下的科技型中小企业融资新模式。在企业、银行和风投机构三方合作的融资模型中，通过设置股权和债权的结合方式和转换条件，以提高银行贷款意愿。但是三方合作模型有两个缺点：银行和风投机构对企业还贷的目标不一致；风投机构有过度稀释企业成长价值的动机。因此，投贷结合可以从两个方向进行优化：一种是将担保功能从风投机构剥离，引入担保机构先行代偿的四方合作模式；另一种是商业银行风险贷款模式。

企业在股权融资时，通常还会接受私募股权投资基金（PE基金）提供的战略咨询、技术输入等各种资源。这些资源的注入会改善公司治理结构，促进企业的技术创新。王静（2017）[②] 选取创业板制造业上市公司 2009~2014 年期间的数据，发现 PE 的外资背景、持股比例、入股年限以及参与方式（是否联投）等都会提高企业技术创新水平。外部股权融资过程中，社会资源和管理经验等非货币援助是中小企业融资决策和行为研究的重要影响因素。

[①] 陈立文、佟紫娟、叶莉：《科技型中小企业融资新模式：基于"投贷结合"框架的理论分析》，载《金融发展研究》，2016 年第 4 期，第 24~30 页。
[②] 王静：《私募股权投资与企业技术创新——来自创业板制造业的经验证据》，载《科技管理研究》，2017 年第 14 期，第 173~179 页。

（四） 发展融资租赁

杨俊生等（2009）[1] 提出用融资租赁的方式缓解中小企业融资约束。中小企业处于资本积累的初期，因此相对大企业更需要外源融资。目前条件下，银行信贷仍是我国中小企业融资的主要方式，银行信贷存在企业规模偏好，对企业信息要求高，以及风控严格等特点。相比之下，融资租赁具有审批限制少、交易成本低的特点，能以较小的资本投入获得较大的资本积累。融资租赁还有利于加快企业技术设备改造升级、降低无形磨损、降低汇率利率风险、促进固定资产投资、优化资本结构。加快我国融资租赁业务的发展，需要丰富融资租赁的资金来源、优化融资租赁的税收政策、完善融资租赁的法律法规、加大融资租赁的人才培养以及建立健全融资租赁的监管框架等。

（五） 推进可转债融资

传统债券融资中，股东与债权人在公司投资决策的风险水平方面存在利益冲突，而可转债融资可以降低公司投资决策的风险偏好，减少股东与债权人的冲突。贺晋（2012）[2] 认为可转债可以通过良好的机制设计，降低因信息不对称带来的道德风险和逆向选择问题。同时，可转债具有连续融资的独特优势，不仅节省融资成本，还可避免过度投资。因此，可转债是非常适合科技型中小企业融资的理

---

① 杨俊生、罗美娟、杨玉梅：《融资租赁与中小企业资本形成》，载《经济问题探索》，2009 年第 4 期，第 133～138 页。

② 贺晋：《科技型中小企业可转债融资机理研究》，载《统计与决策》，2012 年第 18 期，第 176～179 页。

想工具。闫华红等（2015）① 分析了创新型中小企业与可转债融资的关联关系，发现在我国债券市场上，负债率低、规模大、具有较高经营现金流和自由现金流以及高成长性的企业，较多使用可转债的融资方式。而真正需要通过可转债方式降低融资成本的创新创业公司，却比较难以通过可转债方式进行融资，产生这个结果的原因主要是我国可转债发行门槛过高。

（六）推进互联网金融

李志强（2015）② 研究认为，互联网金融取消了交易中介，减少了直接交易成本，但对解决金融市场信息不对称问题有不同的效果。以阿里巴巴为首的电商金融由于可以获得平台上中小企业的交易大数据，能够部分消除逆向选择和道德风险问题，提高融资效率。但是互联网点对点的融资方式并没有消除更多的信息不对称，与传统的融资方式并没有本质的区别。在缺少有效风控的情况下，交易成本甚至更高。总体而言，互联网金融提高融资效率需要通过获取并分析企业行为大数据，缓解借贷双方的信息不对称。

---

① 闫华红、王润、许倩：《创新型中小企业的融资选择分析——基于可转换债券视角》，载《财会月刊》，2015 年第 13 期，第 3 ~ 6 页。
② 李志强：《基于交易成本理论的互联网金融与中小企业融资关系研究》，载《上海经济研究》，2015 年第 3 期，第 65 ~ 71 页。

第二节　创新创业公司债券理论

一、市场理论

海外创新创业公司进行直接融资的重要途径之一是发行高收益债券。学界对高收益债券供给与中小型企业的融资需求之间的关系做了大量研究，发现高收益债券很好地弥补了中小企业发展中的资金需求缺口。因此，推出高收益债券对推动多层次资本市场建设、解决创新创业公司融资难题，满足实体经济发展需要具有重要的现实意义。

Asquith 等（1994）[①] 比较分析了陷入财务困境的企业如何选择公共或私人债务重组、资产出售、兼并等方式避免破产，发现企业的债券结构会影响企业的重组形式。如果企业负债中存在大量有担保的私募债和公募债，通常都会阻碍企业庭外重组，进而增加企业

---

① Asquith P. , Gertner R. , Scharfstein D. Anatomy of Financial Distress：An Examination of Junk-bond Issuers［J］. The Quarterly Journal of Economics，1994，109（3）：625 – 658.

申请破产保护的概率。资产出售是企业避免申请破产保护的方式，
但受行业因素影响比较大，处在困境和高杠杆行业的公司更多倾向
于出售资产。

Goldreich 等（2003）① 研究债券在整个存续期间新债和旧债的
价差及其影响因素，发现影响债券价格的流动性因素主要是对未
来的流动性预期，而非当前的流动性。Hull 等（2004）② 则通过
对比发现，债券的风险溢价远高于根据历史数据计算的违约损失
补偿。Collin – Dufresne 等（2003）③ 发现投资级债券的风险溢价
更难用违约损失去理解，潜在的解释包括市场可能考虑了债券违
约相互传染的风险，高估的流动性风险溢价，可能存在的代理成
本等因素。

Thomas 和 Wang（2004）④ 研究了 20 世纪八九十年代的企业并
购与高收益债券的发展，发现高收益债券的发展促进了企业并购。
1990 年美国 11% 的杠杆收购使用了高收益债券，且高收益债券的市
场流动性影响了并购贷款的利率。

---

① Goldreich D. , Hanke B. , Nath P. The Price of Future Liquidity: Time – Varying Liquidity in the U. S. Treasury Market [J]. Social Science Electronic Publishing, 2003, 9 (1): 1 – 32.

② Hull J. , Predescu M. , White A. The Relationship Between Credit Default Swap Spreads, Bond Yields, and Credit Rating Announcements [J]. Journal of Banking & Finance, 2004, 28 (11): 2789 – 2811.

③ Collin – Dufresne P. , Goldstein R. , Helwege J. Are Jumps in Corporate Bond Yields Priced? Modeling Contagion Via the Updating of Beliefs [J]. University of California Berkeley Working Paper, 2003.

④ Thomas H. , Wang Z. The Integration of Bank Syndicated Loan and Junk Bond Markets [J]. Journal of Banking & Finance, 2004, 28 (2): 299 – 329.

Gabe de Bondt 和 Marques（2004）① 将高收益债券作为一种金融创新，使用技术扩散模型研究了高收益债券市场的发展特征。由于高收益债券从美国产生，美国被看作"先锋"国家（先发国家），英国和欧元区市场则被视为后发国家。研究发现影响高收益债券扩散的因素主要有三种，除了先锋的影响因素和自发的扩散速度外，宏观经济因素（如企业融资需求变量、行业增长以及金融成本变量等）是被忽视的第三种因素。文章还发现高收益债券的扩散在英国和欧元区比美国快，原因在于美国作为最先采用高收益债券的国家，高收益债券的技术信息有一个逐渐积累扩散的过程。而英国和欧元区市场由于后采用这种金融创新，关于金融产品的信息在扩散初期就极易获得，因此传播会更加迅速。

由于国内的高收益债券市场长期处在起步阶段，高收益债券的研究相对较少。研究还主要停留在我国高收益债券的可行性以及高收益债券在海外的发展经验对我国市场发展的启示等，对高收益债券的实务研究较少。

在我国高收益债券市场建立之初，国内文献主要是分析借鉴发达国家高收益债券市场的经验，总结出对国内发展高收益债券市场基础设施建设、发行监管制度等方面的启示。黄晓捷和汤莹玮（2008）② 详细分析了美国、欧洲和日本等国高收益债券市场的发展历程和市场状况，提出我国高收益债券在信息披露、市场环境与基

---

① De Bondt G., Marqués – Ibáñez D. The High-yield Segment of the Corporate Bond Market: A Diffusion Modelling Approach for the United States, the United Kingdom and the Euro Area [J]. Working Parper, 2004.

② 黄晓捷、汤莹玮:《国际高收益债券市场的发展及对我国的启示》，载《金融理论与实践》，2008 年第 9 期，第 107～109 页。

础设施以及中介服务等方面可供借鉴的几点措施。谷小青（2010）[1]
分析了美国高收益债券市场从建立至今的市场特征和风控制度，认
为我国高收益债券需要继续完善投资者资格审查、有效监管、市场
激励机制和市场基础设施。罗航、罗莎（2012）[2] 和张自力
（2012）[3] 分别通过高收益债券市场的国际比较，认为美欧证券市场
监管机构主要通过其规范的信息披露与信用评级体系、可行的债权
破产保护机制、健全的监管法律体系以及严格的监管操作执法等手
段来控制违约风险、规范高收益债券市场运作。

　　游春和左成学（2013）[4] 分析对比了海外与我国在高收益债券
评级方法方面的差异，指出我国高收益债券信用评级的不足，为我
国高收益债券信用评级的发展提出建议。冯丽娜（2013）[5] 介绍了海
外高收益债券的融资模式及优势，指出我国高收益债券发展存在费
用高、投资主体单一、信用评价体系不完善和担保不健全等问题，
提出发展我国高收益债券市场应该降低发债费用、降低门槛、加强
信用风险评价体系和完善担保体系等建议。曹萍（2013）[6] 详细分析
了美国高收益债券市场的风险特征和投资者保护机制，基于美国经

---

　　[1]　谷小青：《美国高收益债券市场的发展及启示》，载《银行家》，2010 年第 11 期，第
78~81 页。
　　[2]　罗航、罗莎：《高收益债券的国际经验和评级技术借鉴》，载《征信》，2012 年第 2
期，第 7~11 页。
　　[3]　张自力：《欧洲高收益债券市场违约风险监管研究》，载《证券市场导报》，2012 年第
4 期，第 4~10 页。
　　[4]　游春、左成学：《我国高收益债券信用评级问题的研究》，载《征信》，2013 年第 1
期，第 49~52 页。
　　[5]　冯丽娜：《高收益债券：破解中小企业融资难题的可选途径》，载《投资研究》，2013
年第 4 期，第 147~153 页。
　　[6]　曹萍：《美国高收益债券风险特征与投资者保护机制探讨》，载《证券市场导报》，
2013 年第 2 期，第 59~65 页。

验提出我国发展高收益债券的建议，即建立良好的契约制度；制定合适的私募债券与合格投资者的风险控制机制；成立风险基金作为高收益债券的过渡性保障工具；通过高收益债券的投资组合和发展信用风险产品来规避违约风险。邹媛等（2016）① 分析中国式高收益债券市场发行特征及风险的特殊性，总结各类高收益债券的增信措施。

廖敏辉（2007）② 对我国企业债券市场的流动性以及流动性指标间的相互关系进行分析，发现交易量、价格、波动性和流通盘规模对各项流动性指标有显著的解释能力。

二、定价理论

Merton（1974）③ 最早提出了公司债券定价的风险结构模型，从金融衍生品角度分析，企业的经营负债可以看作债权人持有的有价证券，而股东持有一个以该证券为标的物的看涨期权。当企业的总资产市值高于债务面值时，股东行使看涨期权，即偿还债务；反之，资产价值低于债务面值，公司破产，所有者将公司出售给看跌期权的持有人（债权人）。公司违约概率和期权价值密切相关，而期权价值的一个主要决定因素是企业资产价值减负债面值差值的期望与公

---

① 邹媛、王疆婷、褚良子：《高收益债券：发行、风险与评级》，载《金融市场研究》，2016 年第 11 期，第 73 ~ 79 页。

② 廖敏辉：《我国企业债券市场的流动性研究》，载《湖南科技大学学报》（社会科学版），2007 年第 3 期，第 66 ~ 70 页。

③ Merton R. C. On the Pricing of Corporate Debt：The Risk Structure of Interest Rates ［J］. The Journal of Finance，1974，29（2）：449 – 470.

司资产波动率之比，公司违约率即债务到期时企业资产市值不超过企业负债的账面值的概率。

Fons（1987）[①] 在研究投机级别高收益债券时，在风险中性的定价框架中实证检验债券违约率与违约溢价的关系，认为高收益债券违约损失可由其高利差补偿，研究还考虑了宏观经济因素对违约风险溢价的影响。

Longstaff 和 Schwartz（1995）[②] 在高风险公司债券估值模型中引入违约和利率风险因素，得到固定和浮动利率的债券估值表达式的解析解，这为定价和风险对冲提供了一个新的视角。通过分析 Moody's 债券收益数据发现，债券违约风险和利率间的相关关系对信用利差的性质有显著影响，信用利差与利率呈负相关关系，高风险债券期限依赖于其与利率的相关关系。

McDonald 和 Van de Gucht（1999）[③] 利用债券竞争风险模型研究高收益债券的违约行为和回购行为，并分析债券发行年限、债券发行具体特征和经营状况对这两种行为的影响。研究发现发行年限对违约和回购的影响是非单调的：违约率随着发行年限的增长先增加，然后下降；而回购利率则先增长，然后呈水平状态。债券评级和票面利率影响违约风险，而到期期限和发行规模则只影响回购利率。当经济状况恶化且无预期有任何改善时，高收益债券的违约概率上

---

① Fons J. S. The Default Premium and Corporate Bond Experience [J]. The Journal of Finance, 1987, 42（1）: 81–97.

② Longstaff F. A., Schwartz E. S. A Simple Approach to Valuing Risky Fixed and Floating Rate Debt [J]. Journal of Finance, 1995, 50（3）: 789–819.

③ Mcdonald C. G., Gucht L. M. V. D. High–Yield Bond Default and Call Risks [J]. Review of Economics and Statistics, 1999, 81（3）: 409–419.

升；在利率下降但有上升预期时，发债主体回购概率上升。

Gertle 和 Lown（2000）[1] 研究了高收益债券利差与经济周期的关系，发现高收益债券利差对经济周期有很强的解释力，信用利差的变动可能预示着信用市场摩擦对经济周期的放大和传播作用。高收益债券的利差对产出变动有显著的边际解释力。Fridson（2000）[2] 研究了季节性对高收益债券收益的影响，发现从 12 月 1 日到 5 月 31 日发行高收益债券与同期限国债的利差远高于 6 月 1 日到 11 月 30 日发行的高收益债券利差；高收益债券中，评级为 B 的债券在 12 月 1 日到 5 月 31 日期间的表现好于平均为 BB 的债券，而在 6 月 1 日到 11 月 30 日期间表现弱于后者。

Elton 等（2001）[3] 分析发现，债券的期望违约率只能解释公司债券利率溢价的很小一部分（20%），而州税却可以解释相当一部分的价差，剩下的那部分价差与能解释股票风险溢价的因素紧密相关。Geske 和 Delianedis（2001）[4] 在市场不完善的结构框架下讨论企业债券风险利差的组成，同样发现违约风险的占比很小。研究也显示信用利差主要不是由违约风险、杠杆风险、企业特定风险以及追偿风险来解释，而大部分归因于税收、流动性风险以及市场风险等因

---

① Gertler M. , Lown C. S. The Information in the High-yield Bond Spread for the Business Cycle: Evidence and Some Implications [J]. Oxford Review of Economic Policy, 1999, 15 (3): 132 – 150.

② Fridson M. S. Semiannual Seasonality in High – Yield Bond Returns [J]. Journal of Portfolio Management, 2000, 26 (4): 102 – 111.

③ Elton E. J. , Gruber M. J. , Agrawal D. , Mann C. Explaining the Rate Spread on Corporate Bonds [J]. Journal of Finance, 2001, 56 (1): 247 – 277.

④ Geske R. L. , Delianedis G. The Components of Corporate Credit Spreads: Default, Recovery, Taxes, Jumps, Liquidity, and Market Factors [J]. UCLA Anderson Working Paper No. 22 – 01, 2001.

素。Ericsson 和 Renault（2006）[①] 在利差模型中考察债券发行年限与利差的关系，通过在自变量中加入债券是否为 3 个月内新发行的虚拟变量，研究发现这个虚拟变量与利差具有显著负相关关系。Brown（2001）[②] 认为企业债券信用利差的重要影响因素，应该还包括流动性风险带来的风险溢价。

Huang 和 Huang（2012）[③] 提出了一个新的基于债券违约历史数据的校准模型，在不同的信用风险估值的结构框架下得到对信用利差的一致估计。通过校准模型发现，信用风险只能解释一小部分的投资级债券与国债的利差，对短期债券的解释力更低，而对垃圾债券的利差具有高得多的解释力。通过对不同的结构模型的校准得出相似的信用利差，证明了结论的稳健性。

Ma 等（1989）[④] 通过比较当时最大的高收益债券违约（LTV 破产）前后市场上债券违约率的变化，考察新发行高收益债券市场的弹性。在比较 LTV 破产后高收益债券的违约概率和引入 LTV 没有破产的假定后算出的假定违约概率后发现，在 LTV 破产之后债券市场对高收益债券违约的风险厌恶程度显著上升。但这种过度的影响仅能持续六个月，市场对重大违约事件的反应是有弹性的。Asquith 等

① Ericsson J. , Renault O. Liquidity and Credit Risk [J]. Journal of Finance, 2006, 61 (5): 2219 – 2250.

② Brown D. T. An Empirical Analysis of Credit Spread Innovations [J]. The Journal of Fixed Income, 2001, 11 (2): 9 – 27.

③ Huang J. Z. , Huang M. How Much of the Corporate – Treasury Yield Spread Is Due to Credit Risk? [J]. Review of Asset Pricing Studies, 2012, 2 (2): 153 – 202.

④ Ma C. K. , Rao R. P. , Peterson R. L. The Resiliency of the High – Yield Bond Market: The LTV Default [J]. Journal of Finance, 1989, 44 (4): 1085 – 1097.

（1989）① 根据债券的发行年限分析美国市场 741 只高收益债券的违约、流通交易以及回购率等行为后发现，债券违约、流通交易和回购比例要远高于以往的研究。

Lee 和 Cheng（2008）② 研究如何识别并投资高收益债券的关键要素，使用模糊德尔菲法列出高收益债券选择的估值标准，然后用模糊层次分析法得到各种估值指标在估值模型中的权重，以建立投资高收益债券的模糊多标准模型。通过模型分析发现，经济环境是影响高收益债券风险收益的最主要因素，选择高收益债券时最重要的评价标准包括债券与国债的利差、债券回售性以及违约概率指标。

Grammenos 等（2008）③ 用二重 logit 模型预测轮船公司发行的高收益债券的违约概率。认为债券发行时预测违约最好的估计量包括杠杆比例和资产总额比率以及行业特定的变量。

国内债券定价影响因素研究方面，任兆璋和李鹏（2006）④ 分析了中国企业债券价差个体性影响因素，发现当前影响我国企业债券价差的主要因素是债券流动性不足，我国企业债券价差中已包含了相当程度的违约风险补偿，这反映了我国企业债券市场定价在逐渐

① Asquith P. , Mullins D. W. , Wolff E. D. Original Issue High Yield Bonds: Aging Analyses of Defaults, Exchanges, and Calls [J]. Journal of Finance, 1989, 44（4）: 923–952.

② Lee C. Y. , Cheng J. H. A fuzzy AHP Application on Evaluation of High-yield Bond Investment [J]. World Scientific and Engineering Academy and Society（WSEAS）, 2008.

③ Grammenos C. T. , Nomikos N. K. , Papapostolou N. C. Estimating the Probability of Default for Shipping High Yield Bond Issues [J]. Transportation Research Part E Logistics & Transportation Review, 2008, 44（6）: 1123–1138.

④ 任兆璋、李鹏:《中国企业债券价差个体性影响因素的实证分析》,载《华南理工大学学报》(社会科学版),2006 年第 1 期,第 52~55 页。

合理化。郭泓和武康平（2006）[①] 选择上海证券交易所 7 年期、10 年期和 20 年期国债为样本，研究了新债券与旧债券的流动性溢价问题。发现旧债券的收益率和新债券存在显著差异，前者的收益率要高于后者，但仅从流动性差异角度很难解释旧债券与新债券的收益率差异。

对高收益债券的信用风险评估方面，史慧（2006）[②] 用债券定价公式及莫顿结构模型推导出信用风险溢价的度量公式，从定量的角度分析公式中的诸变量对我国信用风险溢价的具体影响，并实证分析信用风险溢价的个体影响因素。姜礼尚和梁进（2012）[③] 引入风险和违约等信用概念，应用概率论、随机过程和微分方程等数学工具，讨论金融和信用风险的数学模型以及应用。何大喜（2012）[④] 运用贴现函数模型分别构造我国国债与公司债券的贴现函数，画出公司债券高于无风险利率的溢价期限结构曲线。结果显示我国公司债券的溢价结构基本与理论相符，溢价随期限呈现先上升后下降的特点。袁志辉（2014）[⑤] 建立预期损失率模型对交易所高收益债券的信用水平进行实证分析。与市场真实的信用溢价相对比，预期损失率模型的评估效果较好，也更容易发现市场错误，构建无风险套利组合。此外，预期损失率领先于高收益债券净价走势，且随着刚性兑付被

① 郭泓、武康平：《上交所国债市场流动性溢价分析》，载《财经科学》，2006 年第 4 期，第 23～29 页。

② 史慧：《我国企业债券的信用风险溢价研究》，暨南大学，2006 年。

③ 姜礼尚、梁进：《金融衍生品和信用风险定价的数学模型》，载《数学建模及其应用》，2012 年第 2 期，第 15～18 页。

④ 何大喜：《我国上市公司债券信用风险溢价研究》，江西财经大学，2012 年。

⑤ 袁志辉：《高收益债券信用风险评估：预期损失率模型》，载《债券》，2014 年第 10 期，第 41～47 页。

打破，信用溢价可以更充分地反映信用风险，模型有效性也会更高。

高收益债券信用风险管理方面，陈忠阳（2000）[1]、梁世栋等（2002）[2] 在国际金融环境变化的背景下分析信贷风险，介绍市场上的主流信用风险度量和管理方法，并详述了风险管理的原则、度量模型以及优缺点。杜浩然（2014）[3] 利用度量现代信用风险的 KMV 模型研究我国高收益债券市场。该模型认为公司股价包含对企业未来盈利的预期，因此利用股市数据来反映企业信用风险的外在影响因素。研究筛选出市场定价有效的债券，构建汇总序列的回归方程，并进行信用利差的预测和拟合，证明 KMV 模型能够较为有效地应用到我国高收益债券投资中。钟姝（2013）[4] 选择基于 KMV 模型衍生的 PFM 模型进行实证分析，对我国私募债券的风险防控提出了相应建议。

信用利差方面，闫芳和曾建华（2010）[5] 分析了我国短期融资券的信用利差的解释因素，发现利率风险对信用利差的解释力度最强，违约风险对利差影响次之，流动性因素影响最小。赵银寅和田存志（2010）[6] 认为，信用利差主要受市场因素而不是企业因素的影响。

---

① 陈忠阳：《信用风险量化管理模型发展探析》，载《国际金融研究》，2000 年第 10 期，第 14～19 页。

② 梁世栋、郭父、李勇、方兆本：《信用风险模型比较分析》，载《中国管理科学》，2002 年第 1 期，第 17～22 页。

③ 杜浩然：《KMV 模型应用于我国高收益债投资的实证研究》，复旦大学，2014 年。

④ 钟姝：《中小企业私募债信用风险研究》，浙江大学，2013 年。

⑤ 闫芳、曾建华：《我国企业短期融资券信用利差的实证分析》，载《商场现代化》，2010 年第 23 期，第 180 页。

⑥ 赵银寅、田存志：《我国企业债券信用利差的宏观影响因素分析》，载《商业时代》，2010 年第 34 期，第 64～66 页。

三、发行监管

在债券市场上，监管者会严格限制投资者投资评级为"投机级"债券的资格。Brister 等（2006）① 分析了债券评级的监管效应对债券收益率的影响，发现投机级别债券收益的高溢价不仅包含高违约概率，也包含了多种监管效应。通过使用多重识别分析方法（MDA）将由监管带来的违约溢价部分分离，发现不受监管的投资者可以利用这个优势，在投机级债券投资中获得额外的风险溢价。

庞红学等（2013）② 从法律体系、监管主体和方式、信披制度以及投资者保护制度等方面对美国债券市场监管体系进行分析，结合当前我国债券市场重审批、轻监管的问题，就设计集中统一的债券市场监管体系提出建议。张自力和林力（2013）③ 对日本企业债券市场在政府管制和主导下的发展过程进行研究，认为日本企业债券市场对外开放程度高，从防到控的整体性监管设计以及有效的担保清偿机制等值得借鉴。高涛（2012）④ 在上海证券交易所中小企业私募债券业务试点办法出台后，讨论了我国中小企业私募债券存在融资

① Brister B. M. , Kennedy R. E. , Liu P. The Regulation Effect of Credit Ratings on Bond Interest Yield: The Case of Junk Bond [J]. Journal of Business Finance & Accounting, 1994, 21（4）: 511 – 531.

② 庞红学、金永军、刘源:《美国债券市场监管体系研究及启示》，载《上海金融》，2013 年第 9 期，第 69 ~ 72 页。

③ 张自力、林力:《日本企业债券市场的结构特征及监管制度》，载《证券市场导报》，2013 年第 8 期，第 50 ~ 56 页。

④ 高涛:《我国中小企业私募债券发行与监管模式的再反思》，载《金融发展研究》，2012 年第 11 期，第 91 ~ 95 页。

成本高、发行环节烦琐和违约风险高的问题。借鉴美国和韩国市场的监管经验，未来中小企业债券发行改革要找准中小企业在资本市场的定位，加强信息披露和自身质量监督，完善信用增强和担保方式。

在我国创新创业公司债券市场的制度建立方面，何君光和陈佳（2010）[1] 认为我国中小企业融资困难问题其实是市场机制不健全导致的市场失败。发展中小企业高收益债券的核心要件就在于建立高效率、低成本的发行交易场所，降低发行人的融资成本和投资者的投资风险。要利用高收益债券解决我国中小企业融资难问题，就要建立起合格的投资者制度、受托管理人制度和可转股制度等，并出台中小企业高收益债券的专门指引。陈腾龙和薛文忠（2012）[2] 认为我国高收益债券市场需要建立以信息披露为中心的市场化监管思路，强化信息披露的追责机制；订立个性化的附条件债券契约；引入非利益相关方的担保机制；完善破产偿付机制以及控制违约风险等措施。陈颖健（2012）[3] 也指出我国高收益债券发行方式超越了传统意义上的非公开发行，监管制度需要做出一个超越私募和公募界限的设计，包括对高收益债券准入监管采用注册制加部分的实质审核；完善投资者适当性管理制度；高收益债券转让后持有人数超过200人后的公开发行豁免制度；机制透明的场外交易系统；包括债券契

---

① 何君光、陈佳：《发展中小企业高收益债券若干问题的探讨》，载《经济学动态》，2010 年第 7 期，第 78～80 页。

② 陈腾龙、薛文忠：《发展中小企业高收益债券市场的问题及建议》，载《证券市场导报》，2012 年第 6 期，第 73～77 页。

③ 陈颖健：《高收益债券监管的法律问题研究——超越私募和公募界限的制度设计》，载《证券市场导报》，2012 年第 10 期，第 4～13 页。

约、强制信披和债券受托管理制度、全方位债权人保护制度。

高岳（2010）[①] 分析债券市场的监管对不对称信息市场中企业债券信用风险的影响，指出企业债券市场发行主体具备信息优势，其监管行为会被视为发行主体信用风险的识别信号，信用风险也会随发行主体所有制与行业特征出现显著差异。

宋逢明和金鹏辉（2010）[②] 引入博弈模型研究金融监管领域的"谁的孩子谁抱"监管理念使债券市场监管失效问题。这种监管理念在债券市场表现为"谁监管，谁审批，谁负责"的审批负责制。市场化监管机制下，监管者与被监管者两类行为主体之间应该是相互独立的关系。审批负责制模糊了责权边界，使监管丧失了独立性。一方面审批负责制过度扩张了监管的权力边界，导致监管过度，压缩金融市场和监管独立运作的空间；另一方面监管者承载了过度责任，监管者与被监管者形成了管教与被管教、保护与被保护的从属关系。要结束这种局面，就要转变债券发行审批观念，推进债券发行注册制、发挥市场自律组织的作用，建设以机构投资者为主体、市场化发行和交易机制完善的企业债券市场。

刘水林和郜峰（2013）[③] 认为我国债券市场的根本缺陷是我国公司债券市场不统一，导致了市场效率低、地位低，监管制度不统一、方式非市场化等问题，作者从规范监管体制和债券运行过程监

---

① 高岳：《我国企业债券市场的监管特征下的信用风险——基于发行主体偏好的视角》，载《信息系统工程》，2010 年第 7 期，第 130～131 页。
② 宋逢明、金鹏辉：《企业类债券市场解构及其监管理念创新》，载《改革》，2010 年第 6 期，第 124～130 页。
③ 刘水林、郜峰：《完善我国公司债券监管制度的法律构想》，载《上海财经大学学报》，2013 年第 3 期，第 34～41 页。

管两方面讨论了现行制度的法律缺陷，前者包括监管框架设计缺陷（多头、多环节监管）、监管方式缺陷（监管方式行政化）；后者包括发行制度不统一、制度设计与市场经济不匹配。因此，公司债券监管法律制度的改革方向，就是要统一监管机构、监管方式市场化、统一监管规则以及完善资信评级和信披制度。

INNOVATION
ENTREPRENEURSHIP

第四章
海外高收益债券分析

米尔肯是继摩根以来最伟大的金融思想家之一，他让金融界重新评估了风险与收益间的关系，而每一次金融发展都与这样的思想观念有关。

——《华尔街日报》

第一节　美国高收益债券

一、发展历程

美国是高收益债券的发源地，通过发行高收益债券，许多创新创业型企业得以进入债券市场融资。通过分析美国高收益债券的发展历程，可以更加全面地把握创新创业公司进行债券融资的运行规律和市场特点，并对我国创新创业公司债券的发展起到借鉴作用。

（一）兴起阶段（1970~1980 年）

20 世纪 70 年代，全球石油危机以及美国国内通胀率和利率高企，导致企业融资环境恶化，大量的企业寻求锁定更稳定和成本更低的资金。而包括保险公司、银行及共同基金在内的金融机构，为了追求高于通胀水平的超额收益，也产生了对高收益债券的投资需求。同时，监管政策的转变也对高收益债券的诞生起到了催化作用，这些政策包括利率上限的取消、允许混业经营等。金融管制的放松使债券市场的竞争更加白热化，一些创新型品种应运而生。当时，

美国95%的公司因经营环境恶化、利润水平不高、达不到投资级别
而被排除在公司债券市场之外。一些高评级公司由于各种原因而遭
到降级,迫使这些公司在一级市场发行较高收益率的债券,从而形
成了美国早期的高收益债券市场。1977年,雷曼兄弟公司发行了第
一笔低于投资等级的债券,从而开启了高收益债券的时代。

20世纪80年代后期,高收益债券市场迎来了爆发式的增长,
主要得益于兼并收购尤其是杠杆收购(Leveraged Buyout,LBO)主
体融资需求的大幅增长。据统计,1984~1985年,新发的高收益债
券规模已达到140亿美元,占公司债券总发行量的22%[①]。而在
1977~1981年期间,高收益债券每年的发行量不足15亿美元。在整
个80年代,美国各公司共发行高收益债券1700多亿美元,其中被
称作"垃圾债券之王"的迈克尔·米尔肯(Michael Milken)所在的
德崇证券公司(Drexel Burnham Lambert)就发行了800亿美元,占
47%。同时,债券承销商也对此类债券进行了一些结构上的创新,
如实物支付债券(Pay – in – Kind Securities)、递延支付折扣债券
(Discounted Deferred Pay Securities)以及附带认股权证的债券等创新
型债券。

20世纪80年代美国高收益债券给很多当时处在新兴行业的企业
提供了充足的资本,其中包括一些商业巨子如特纳广播(Turner
Broadcasting)、MCI通讯(Microwave Communications)、麦克考移动
电话(McCaw Cellular)、时代华纳(Time – Warner)、远程通信
(TCI)、美泰玩具(Mattel)、有线电视(Cablevision)、新闻集团

---

① 谷小青:《美国高收益债券市场的发展及启示》,载《银行家》,2010年第11期,第
78~81页。

（News Corp.）、巴诺书店（Barnes & Nobel）、米高梅（MGM Mi-rage）、Harrah 娱乐（Harrah's Entertainment）等。

（二）衰退阶段（1980～1990 年）

美国高收益债券市场在 1989～1991 年经历了严重的衰退。衰退原因主要是美国宏观经济增速放缓、高收益债券过度投机，导致高收益债券发行环境持续恶化。一方面，发行量严重萎缩；另一方面，由于经济的不景气致使发行人无力还债，高收益债券违约率达到 80 年代后的峰顶（1990 年和 1991 年的违约率分别高达 8.71% 和 10.53%）。据统计，1990 年美国仅发行 9 只高收益债券，总额只有 14 亿美元。

这一时期，为控制市场风险，监管机构也出台了一系列严格的监管和规范措施，如对于高收益债券的投资者进行规范，禁止银行类金融机构投资，对于合格机构投资者的投资比例也参照自身资本金情况进行限制。

（三）成熟阶段（1990 年至今）

1992 年以后，全球经济逐步走出低谷，重回增长轨道，同时市场利率仍然保持较低水平。在这一宏观经济背景下，企业资金需求量与日俱增，不少企业纷纷通过债券市场发行高收益债券进行融资。高收益债券市场从危机中复苏，逐渐褪去了高风险的阴影，日趋走向成熟。此时的市场呈现出三个特征：一是发行人的资质有所提高；二是市场竞争力增强，发行人募集资金用途更加多元化；三是创新品种不断涌现。其中，信用违约互换（CDS）和债券抵押债务凭证

（CBO）对高收益债券的发展起到了巨大的推动作用。

从这一阶段的高收益债券发行量来看，也有了较大飞跃。据证券业和金融市场协会统计（Securities Industry and Financial Markets Association，SIMFA），2008 年前的美国高收益债券年均发行规模在1000 亿美元左右，2008 年发行量受金融危机影响大幅下滑至 418 亿美元，但很快在 2009 年得到恢复，达到了 1467 亿美元。2009 年以来，美国高收益债发行量稳步上升。统计显示，2016 年美国高收益债券市场年度发行量为 2384 亿美元，约占同期美国公司债券市场发行量的 15.6%；日均成交额约为 113 亿美元，约占公司债券日均成交额的 41%。目前，高收益债券已经成为美国债券市场重要的组成部分。

二、市场特点

（一）发行主体

在美国，高收益债券的发行主体主要包括以下几类：

（1）新兴公司（Rising Stars）：指新兴或刚成立不久的公司，尚未达到投资型评级水平所要求的营业历史、营业规模或资本规模，但处于高速发展期且缺乏现金流的阶段。在某些情况下，发行债券可以为此类公司提供上市前第一次参与资本市场的机会。

（2）衰退明星（Fallen Stars）：指曾经获得了投资级信用评级，但当前由于经济周期或行业周期的因素影响正处于困难时期，而导致其信用评级下滑到较低级别，而未来前景可能得到改善的公司。

（3）杠杆收购设立的主并公司（LBO）：指以收购公众持股公司股票或资产为目的而发行高收益债券的情形。此种行为通常出于私人投资集团（包括高级管理层）的利益。在此情况下，一部分企业资产或业务可能会被出售以偿还债务。

（4）高负债和资本密集型公司：债务负担过高的公司普遍存在借新还旧的情况，它们通过发行高收益债券，募集资金用于偿还金融机构有息负债或者其他债务融资工具的债务，或在较好的利率条件下合并现有债务。资本密集型的公司在无法通过企业盈利收入或银行借贷满足资本需求时会利用高收益债券进行融资。

（二）债券类型

随着高收益债券市场的不断发展成熟，各类发行主体在债券的发行形式和结构方面不断创新，主要包括以下几类。

（1）纯现金债券（Straight Cash Bond）：是高收益率债券市场上最普通的一种债券类型，以现金形式按照固定票面利率支付利息，通常在到期日或回购日之前定期支付利息[①]。

（2）浮动利率债券：包括分息债券（Split Coupon Bond）和浮动利率—递增利率票据（Floating Rate and Increasingrate Note）。分息债券在债券存续期间早期和后期分别采用不同的票面利率。浮动利率—递增利率票据根据利率基准或支付时间安排支付浮动利率或调整利率。

（3）可展期债券（Extendable Reset Bond）和延付利息债券

---

① 贾昌杰：《美国高收益债券市场发展的经验及其启示》，载《金融论坛》，2012 年第 11 期，第 64 ~ 71 页。

（Deferred-interest Bond）：可展期债券指发行人可以选择重置票面利率且延长债券期限，同时赋予债权人有权提前选择回售的债券。延付利息债券指发行人可延期向债权人支付利息的债券。

（4）可转债（Convertible Bond）：为股债关联的融资工具，这种类型的债券根据既定条款在特定的时间段可转换为公司已发行的普通股票。

（5）实物支付债券（Pay-in-kind Bond）（简称"IK"）：是指允许债务人通过支付额外的 PIK 债券以支付利息的一种债券。在公司的资本结构中，PIK 债券的偿还优先级仅排在权益之前，因此当公司破产清算时，PIK 债券是最后偿还的债务。正因为这个原因，PIK 债券要提供较高的收益率，一般年收益率为 10% ~ 20%。

（6）分级债券（Multi-tranche Bond）：指对债券品种进行结构化和分层设计，在一次发行中为债权人提供不同投资级别债券的选择，不同级别债券有不同的期限、利率和信用评级[①]。

（三）创新创业公司的发债占比

美国高收益债券发行人所处行业分布较为多样化。从 1991 ~ 2011 年的 20 年高收益债券发行的行业数据来看，媒体及娱乐、金融、通信、能源及电力和原材料行业位居发行数量前五位，合计占比约 65%。其中，消费行业占 24%、电信行业占 19%、基础工业占 18%、能源和公用事业占 17%、金融行业占 16%、医疗保健行业占 6%。通信、金融等服务业发行占比呈下降趋势，而能源、科技、医

---

① 贾昌杰：《美国高收益债券市场发展的经验及其启示》，载《金融论坛》，2012 年第 11 期，第 64 ~ 71 页。

疗保健等产业发行占比则呈上升趋势。

高收益债券发行人行业分布较投资级公司债券发行人的行业属性更加分散。近年来，一些知名企业也通过发行高收益债券融资，如汽车行业的克莱斯勒和福特公司，航空行业的达美航空和美国航空，消费品行业的 Levi's，医疗保健行业中最有名的 HCA 医疗集团及餐饮行业的汉堡王等。从企业性质来看，以科技企业为代表的创新创业公司发行高收益债券的比例不断上升，2016 年创新创业公司发债占比达到 18% 左右，如图 4－1 所示。

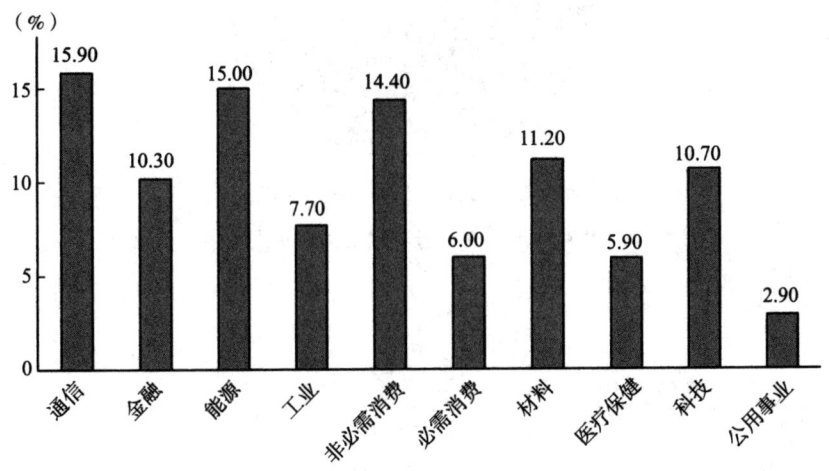

图 4－1　2016 年美国高收益债券发行行业分布

资料来源：Bloomberg。

（四）评级分布

美国高收益债券发行人的信用评级主要集中于投机类债券中的 BB 和 B 评级，两者合计占到了整个高收益债券发行量的 80% 左右。

截至 2016 年末，高收益债券市场中评级 BB 和 B 的债券发行比例分别为 36.3% 和 47.2%，两者合计占比为 83.5%；CCC 评级债券占比 14.9%，其余评级债券占比仅 1.5%，如图 4－2 所示。

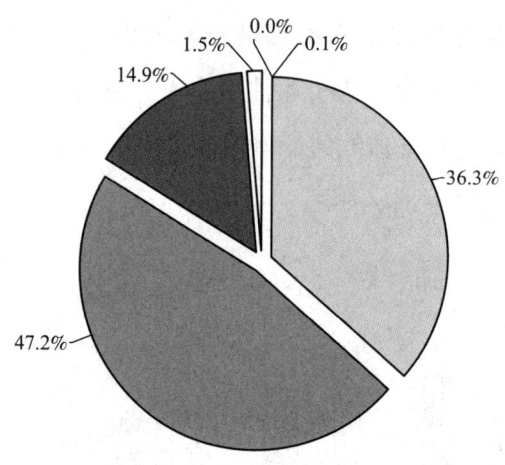

图 4－2　2016 年高收益债券不同信用评级发行规模占比

资料来源：Bloomberg。

（五）发行规模

　　自 1996 年以来，美国高收益债券的年度发行量出现过两次大幅下滑，分别发生在 2000 年及 2008 年。2000 年网络泡沫破裂时高收益债券的年度发行量降至 322 亿美元，2008 年金融危机爆发也使得当年的高收益债券发行量下滑至 430 亿美元。2009 年以后，每年的发行量均在 1500 亿美元以上，2013 年一度达到 3345 亿美元左右的水平，2014～2016 年的平均发行量在 2700 亿美元左右，如图 4－3 所示。

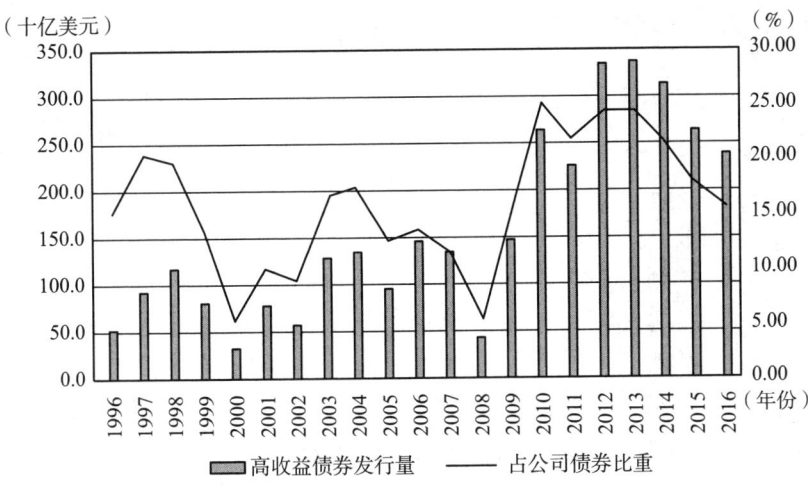

图 4 – 3　美国高收益债券 1996 ~ 2016 年的发行量情况

资料来源：SIFMA。

美国高收益债券无发行规模限制，但一般发行规模不会太大。单只高收益债券的平均发行规模在 2 亿 ~ 5.5 亿美元之间。

（六）资金用途

在高收益债券兴起的初期，高收益债券募集资金的三分之一投向了当时的新兴产业，包括半导体、生物制药、移动网络等领域。还有大约三分之二的募集资金用在传统制造业等相对成熟行业的企业并购中。但经历了 1989 ~ 1991 年的危机后，高收益债券发行人的募集资金用途则更为多元化，融资用于并购的份额大幅下降（1990 ~ 1999 年合计仅约为 21%），而用于置换存量债务的比例逐渐上升。进入 21 世纪以后，融资用于并购的占比跟经济周期呈现高度相关的特征。当经济处于景气阶段时，募集资金用于并购的高收益债券数量就会出现增长，而经济下滑阶段，由于行业违约率上升，募集资金用于并购的比例明显下降，如图4－4所示。

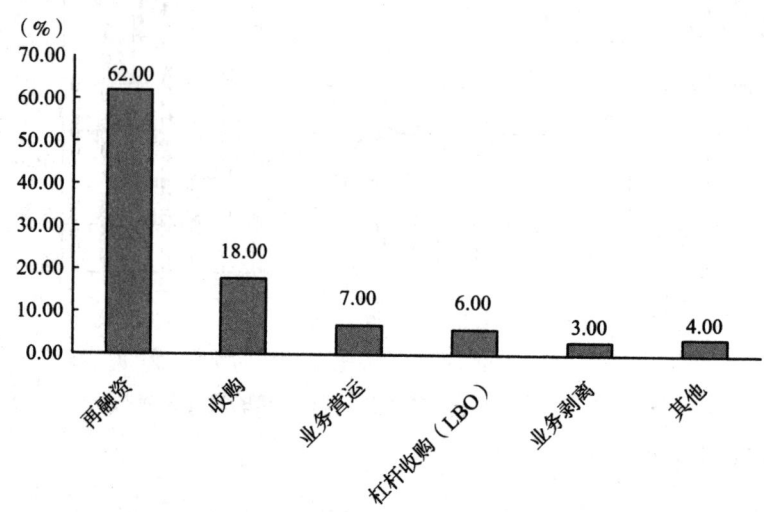

图4－4　2016 年前三季度美国高收益债券募集资金用途占比

资料来源：Wind 资讯。

（七）投资者结构

相比世界上其他国家，美国高收益债券的投资者结构更为丰富，主要包括保险公司、投资级基金、养老基金、债券抵押债务凭证（CBO）、高收益共同基金、股权投资基金、收入基金和外国投资者等。其中，养老基金、高收益共同基金、保险公司是参与程度最高的三大投资主体，三者合计占比接近80％，① 如图4－5所示。

———————

① 徐晓静：《美国高收益债券市场发展经验及对我国的启示》，载《金融发展评论》，2013 年第 5 期，第 105～107 页。

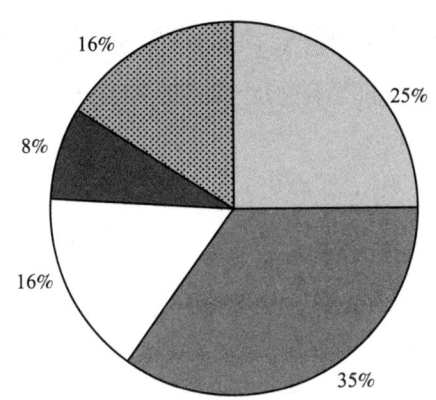

25%

35%

16%

8%

16%

□养老基金 □高收益共同基金 □保险公司 ■对冲基金 ▨CBOS

图4-5　2016年6月末美国高收益债券投资者结构分布

资料来源：SIFMA。

(八)　违约情况

美国债券市场的违约率与GDP的增长率呈典型的负相关关系，相比投资级债券，宏观经济波动对于高收益债券违约率的解释能力更强。不同行业承受经济萧条的能力各异，因此不同行业的违约率也会存在差异。例如为经济提供基础服务、受严格管制的行业违约率最低，包括公用事业、银行、金融保险及房地产REITS；而竞争类行业的违约率最高，包括零售、媒体和出版业、工业和消费品制造业等。从历史上看，每次经济危机的发生总是伴随着一个主要行业的违约，20世纪70年代的能源企业违约，80年代末和90年代初的信贷和房地产危机，以及2000年网络泡沫破灭，通信产能严重过剩均导致违约率大幅上升。

美国高收益债券的违约率还与债券存续期长短相关，高收益债券发行3～5年后的违约数达到全部违约债券的45%之多。

2016 年，美国高收益债券违约率大概为 5.7%。根据美银美林证券和 JP Morgan 预测，随着美国经济的不断复苏，2017 年美国高收益债券违约率有望降至 2%。

第二节　欧洲高收益债券

一、发展历程

（一）兴起阶段（1997～2001 年）

相比美国，欧洲高收益债券起步较晚，直到 1997 年以后才逐渐兴起，其主要原因：一是欧元区的成立和欧洲货币体系的形成，区域经济整合过程催生了高收益债券的诞生。二是欧洲债券市场本身呈现出的良好态势，长期维持低违约率和低利率水平。低违约率提升了投资者的风险偏好水平，而低利率的背景也使投资者有追求更高收益投资品种的诉求。三是欧元区内有大量的无法获得高评级的中小科技型企业。这些中小企业由于资产规模和盈利水平限制无法发行投资级债券，金融机构借贷也需要资产抵质押，于是发行高收益债券成为其重要融资途径之一。最初，欧洲的高收益债券市场只有少量的大且稳定的发行人，但随着风险更高的中小科技型企业发行高收益债券，欧洲债券市场的广度和深度不断提高。1999 年欧洲高收益债券发行量为 180 亿欧元，违约率约为 1.3%。

（二）衰退阶段（2002～2004 年）

欧洲高收益债券的发展历程也并非一路坦途，中间也历经波折甚至是萧条。21 世纪初期，网络泡沫的破灭曾一度给欧洲高收益债券市场带来沉重一击。在网络泡沫刺破以前，归属于创新创业公司的科技、媒体和通信（TMT）产业一度是欧洲高收益债券市场主要的发行主体。1999 年 TMT 产业的高收益债券发行量高达 180 亿欧元，违约率仅 1.3%。但网络泡沫破灭后，高收益债券的违约率飙升至 45.7%，科技、媒体和通信（TMT）行业的高收益债券的违约率更是高达 83.1%，高收益债券的发行量骤降为 60 亿欧元。在违约率飙升和发行量骤减的同时，欧洲大量债券被降级，不少优秀的投资级发行人被调降为投机级。

（三）成熟阶段（2005 年至今）

2005～2007 年，欧洲各国加强了本国高收益债券发行的监管力度，债券市场重新获得了投资者的青睐，并且涌现出了欧洲私募股权交易主导下的杠杆收购浪潮，高收益债券市场的发行量再次达到了一个小高潮。2006 年，欧洲高收益债券的发行量为 371 亿欧元。这一阶段高收益债券发行人的行业更加分散，从 TMT 行业拓展到化工、零售、消费品等更多行业，逐渐能够满足投资者分散化的投资需求。在这一时期，高收益债券在欧洲新兴市场国家的发行规模也有了迅速提高。和美国一样，信用衍生品对高收益债券的发展起到了积极作用。特别是信用违约互换（CDS）产品，可以帮助做市商和投资者对冲和化解风险。

但是 2008 年的次贷危机再次给高收益债券以重创,欧洲高收益债券的发行一度暂停。经历次贷危机的影响过后,欧洲商业银行为了筹措资金填补其资本充足率的缺口、保证其流动性,逐步缩减信贷资产规模,再次激发了欧洲高收益债券市场的融资需求①,这段时期发行量保持逐年稳步增长态势。

二、市场特点

(一) 发行国家分布

1999 年开始,欧洲高收益债券市场逐步发展,发行量逐年攀升。欧洲高收益债券市场发展的因素是多方面的:一是得益于欧洲货币的统一和经济整合;二是得益于欧洲债券市场一直以来的低违约率和低利率水平;三是得益于日益成熟的信用衍生品市场。欧洲国家中,高收益债券发行最多的是德国,存量已突破 800 亿欧元。其次为希腊、法国、英国和荷兰,存量也均在 300 亿欧元以上。

(二) 发行方式和交易安排

从发行方式来看,高收益债券的一级市场发行通过投资银行组成的承销团进行。在发行过程中,投资者向投资银行表达购买意愿。簿记建档后,承销商确定债券的价格。

---

① 张自力:《全球高收益债券市场的发展:格局演变及监管借鉴》,载《上海金融》,2012 年第 4 期,第 74~78 页。

从交易安排来看，高收益债券的二级市场流动性低于投资级债券。高收益债券交易规模较小，主要分布在 5 万 ~ 200 万欧元之间。同时，高收益债券市场活跃的做市商少于投资级债券，买卖价差更大。由于高收益债券风险较高，市场参与者更愿意充当经纪商而不是做市商。为二级市场提供流动性的通常是在一级市场承销该债券的金融机构，这些机构掌握的发行人信息有利于其开展做市交易业务。

（三）创新创业公司占比

从欧洲高收益债券发行人所处的行业分布来看，主要分布在能源、工业、通信等传统行业，但随着高收益债券市场的日趋成熟，消费业、金融业、卫生保健等行业也纷纷被吸引到这个市场融资。2005 年以来，科技、新材料等创新型产业的企业选择在高收益债券市场发行债券的数量与日俱增，其较高的收益率也得到了部分风险偏好较高的投资者的追逐。截至 2016 年末，欧洲创新创业公司的发债占比大约为 15%。

（四）发行规模

从单只发行规模来看，欧洲高收益债券要远小于投资级债券，一般单只债券的发行规模控制在 2 亿欧元以内。从整个市场来看，欧洲高收益债券市场发行量自 2009 年以来一路水涨船高。据统计，2009 年的发行量为 511 亿欧元。随着发行量的增加，市场未到期债券的存续规模也随之飙升。2016 年末未到期的高收益债券规模已经超过 6500 亿欧元。

（五）投资者结构

从近 5 年的投资者分布来看，欧洲高收益债券的投资者主要为投资基金、对冲基金、商业银行、保险公司、养老基金和个人及零售客户等。其中投资基金、对冲基金和商业银行的市场占比较高，三者合计接近 70% 以上，如图 4-6 所示。

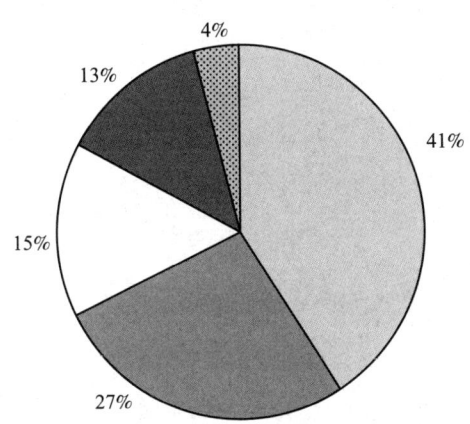

□投资基金 □对冲基金 □商业银行 ■保险公司和企业年金 ■其他投资者

图 4-6 2015 年欧洲高收益债券投资者结构分布

资料来源：SIFMA。

（六）违约情况

总体来看，欧洲市场的高收益债券违约率与欧元区经济政策、货币政策和地区经济发展水平息息相关。2001～2002 年，投机级债券违约潮从美国向欧洲和新兴市场传开，投机级债券违约率最高的是新兴市场。而在 2008～2009 年，金融危机如龙卷风席卷全球，欧洲各地区违约率同步上升。2015 年全球高收益债券市场违约率达到 2009 年以来的最高值，欧洲高收益债券市场也难以幸免，共有 27 期高收益债券违约，违约金额达 156.64 亿欧元。

第三节　亚洲高收益债券

一、发展历程

（一）兴起阶段（1993~1997 年）

亚洲的高收益债券起步于 1993 年。亚洲债券市场（不包括日本）发展初期，是由新兴市场国家的有政府背景企业或者政府本身作为发行人，形式上符合高收益债券的要求，但发行主体不是依赖于自身的信用基础和交易结构，主要由主权担保或者政府信用的背书。因此，严格来讲这并不算是一种真正的高收益债券。但这种"高收益债券"的出现，有效地拓宽了亚洲中小企业的融资途径，为中小企业更好地优化财务结构提供了更多的选择；同时，也吸引了国际投资者的加入，丰富了投资者的机构。

这期间，除日本以外的亚洲地区高收益债券市场发展非常迅速，1997 年发行总量高达 174 亿美元，其后由于东南亚金融危机的冲击，发行量有所萎缩。

（二）衰退阶段（1997~2003年）

1997~1998年的亚洲金融危机，是继20世纪30年代全球经济大萧条之后，对亚洲经济乃至全球经济造成深远影响的重大事件。这一时期的债券违约数量出现井喷式增长，处于危机旋涡中心的印度尼西亚和泰国的企业发行人大多陷入了违约或债务重组中。陷入危机的还包括我国的广东国际信托投资公司和粤海集团①。债券的不断违约一方面导致企业融资渠道受堵，企业资金链条断裂，引发授信机构的债务索偿；另一方面债券频频违约也使机构投资者遭受到惨重损失，本土投资者加速处置手中债券头寸，国际投资者纷纷撤离亚洲市场，亚洲债券市场跌入低谷。

（三）成熟阶段（2003年至今）

随着亚洲经济的缓慢复苏，金融危机的影响逐渐消退。亚洲企业下游订单需求不断增加，生产经营状况日益好转，投资者对于高收益债券的投资需求重新被唤醒，高收益债券的发行数量也逐渐增多，从2003年的9.5亿美元增长到了2006年的50亿美元。

然而，好景不长。2008年美国次贷危机席卷全球，再次对亚洲高收益债券市场带来严重冲击。一方面债券发行数量锐减，2008年整个亚洲发行的高收益债券只有3只；另一方面利率和违约率均大幅攀升，导致债券二级市场价格大幅下挫。

2009年以后，高收益债券发行开始逐步恢复正常。据统计，截

---

① 参见《高收益债券的国际经验（起源、发展历程和现状）》，网址：http：//wenku.baidu.com/view/b2372c6048d7c1c708a1455f.html，最后访问日期：2018年1月13日。

至 2016 年末，亚洲除日本外高收益美元债券发行量高达 458.4 亿美元，较 2015 年 282.3 亿美元的发行量同比大增 62.4%，发行项目数量更是同比激增 90%。[①]

二、市场特点

（一）发行主体分布

由于亚洲主要经济体的利率水平相比欧美发达市场更有吸引力，随着国际投资者纷纷进入亚洲债券市场，亚洲各国承销商也加大了债券发行规模。从发行主体分布来看，除日本以外，中国、韩国、泰国、印度和印度尼西亚等亚洲国家都有企业发行高收益债券。2010 年以前，韩国、印度尼西亚和中国香港发行占绝大多数。2010 年以来，中国更多的企业尝试发行高收益债券，尤其是不少房地产企业开始发行美元债。中国高收益债券的发行规模占比大幅上升，2016 年发行额占亚洲高收益债券发行总额的 59% 左右，紧随其后的是马来西亚、印度尼西亚、韩国和印度。

（二）创新创业公司分布

从发行人行业分布来看，亚洲债券市场的发行人主要分布于房地产、能源、消费、金融等行业以及部分科技类企业等。近年来，由于中国对于房地产企业融资的收紧，大量中资房地产企业涌向亚

---

① 参见《中资机构青睐美元高收益债券，券商承销业务聚焦新蛋糕》，网址：http://bond.jrj.com.cn/2017/01/05163821930695.shtml，最后访问日期：2018 年 1 月 13 日。

洲债券市场发行高收益债券，成为亚洲债券市场的发行主力军。另外，以科技类企业为代表的创新创业公司发行高收益债券的比例也在不断上升。目前，亚洲高收益债券市场中创新创业公司发债占比大概为8%。

（三）发行规模

在新兴市场中，亚洲的债券市场发行量最大，2014～2015年平均每年的发行规模均超过1500亿美元。瑞士银行亚太区债券主管Timothy Tay预计，由于即将到期的债券高达1000亿美元，再融资需求高涨，2017年亚洲债券的发行量将达到1600亿～1900亿美元。其中，1300亿美元为即将到期的债券以及票息支付，净发行量预计为300亿~600亿美元①，净发行量中高收益债券占比超过50%。

（四）投资者结构

相比欧美高收益债券市场，亚洲高收益债券市场具有超额收益。按2011～2016年的表现计算，亚洲高收益债券的回报达54.6%，远比亚洲股票20.8%的回报率要高。

高收益率吸引了众多投资者的加入，包括区域性资产管理公司、美国高收益债券基金、国际私人银行、新兴市场基金和对冲基金等，这些机构均为亚洲高收益债券的主要投资者。其中，资产管理公司的购买占比超过一半，其次是商业银行及私人银行。最近几年，亚洲本地商业银行购买比例大幅上升，已经从2010年的16%上升至

---

① 参见《亚洲债券今年回报约5% 违约率有望低位徘徊》，网址：http：//bond. east-money. com/news/1325，20170303716566397. html，最后访问日期：2018年1月13日。

2016 年的 34%。

（五）违约率

相较欧美地区，亚洲高收益债券不仅可提供较具竞争力的收益率，波动率也相对较低。这主要是因为亚洲国家经济增长速度整体高于欧美经济体，加上货币政策环境比较宽松，给了企业较强的韧性，违约率比欧美债券市场和新兴市场要低。从亚洲高收益债券市场的违约率来看，总体处于低位震荡态势。

截至 2016 年，亚洲高收益非金融企业违约率为 1.4%，远低于 2015 年的 6.4%。2016 年仅出现两例违约事件，少于 2015 年的 9 例。这两家违约发行人均属于金属和矿业公司，主要同行业基本面下滑和融资环境恶化有关。未来，随着中国经济的稳步增长及亚洲其他主要经济体的稳步发展，预计亚洲高收益债券市场违约率仍将保持较低水平。

INNOVATION
ENTREPRENEURSHIP

第五章
海外高收益债券的制度安排

　　华尔街有句老话，债券与股票投资者的根本区别在于股票投资者看到的是天空，而债券投资者看到的是天花板。

——［美］比尔·格罗斯

除了股权融资以外，海外主要通过高收益债券的形式支持创新创业公司直接融资。如前章所述，美国在高收益债券支持创新创业公司债券融资方面积累了丰富经验，本章将着重分析美国高收益债券的发行制度安排，为我国创新创业公司债券制度体系建设提供借鉴。

第一节　发行与交易安排

一、发行方式

　　美国高收益债券发行主要有两种方式：一种是根据美国证券法公开注册发行；另一种是基于144A规则的私募发行。

（一）公开发行

　　采取公开发行的发行人必须向美国证券交易委员会（SEC）提交注册申请，申请材料包括债券的募集说明书等。与私募发行方式相比，公开发行方式对于信息披露的要求更高。美国《1933 年证券法》在第 7 章和第 10 章分别规定了信息披露和债券募集说明书的要求，并且在其他章节中规定了债券发行人和相关中介机构信息披露真实性、完整性和准确性的相关义务和责任。如因信息披露产生的法律责任必须由相关责任主体承担，债券持有人可以通过司法途径获得合法赔偿。

从承销方式来看，高收益债券公开发行多采用承销商余额包销的方式，债券的票面利率和最终发行金额一般是先通过承销商市场询价后再与发行主体协商确定。

（二）私募发行

与公开发行相比，私募发行的优势在于可以豁免注册。美国证券交易委员会（SEC）于 1990 年颁布了 144A 规则，放宽了私募发行债券的转售限制，从而促进了私募债券的推广和高收益债券的发展。因为其在程序上更简便、更高效，所以基于 144A 规则的私募发行方式逐渐成为发行人的首选发行方式。1996 年，美国私募发行的高收益债券数量首次超过了公开发行的高收益债券数量。截止到 2016 年底，私募发行的高收益债券金额以及高收益债券存量占比均达到85%以上，成为美国高收益债券发行的主要形式。

二、交易场所的安排

虽然美国高收益债券可在交易所发行和交易，但由于交易所严格的监管制度、准入条件的限制以及高收益债券本身信用等级较低等原因，高收益债券主要集中在场外市场（OTC）发行和交易。相比交易所内交易，场外市场的交易成本较低。1990 年，美国全国证券交易商协会（NASD）开通了美国场外柜台交易系统（OTCBB）。OTCBB 严格意义上是第三层次的市场，又称布告栏市场。OTC 市场的交易主要通过 OTCBB 进行。OTC 市场主要参与者包括投资者和做市商，电子通信网则是做市商获取更多客户和订单的补充手段。

　　OTCBB 具有以下几个特征：没有上市标准；挂牌审批时间较短；仅需在 SEC 登记并经 NASD 核准挂牌，无须在 OTCBB 进行登记；在股价、资产、利润等方面没有规定维持报价或挂牌的标准；上市费用非常低，无须交纳维持费。

第二节　投资者保护

一、适当性管理

与投资级债券相比，高收益债券的信用风险更高。因此，海外的高收益债券主要在场外市场面向机构投资者发行和交易。监管机构对于投资高收益债券的机构投资者也设置了一定的门槛，机构投资者必须具有强大的资金实力、较高的风险识别能力、较强的风险承受能力和较高的风险管理水平，具备通过构建资产组合来分散投资风险的能力。

二、信息披露

信息披露制度是高收益债券最重要的投资者保护制度。在美国，对于公开发行的高收益债券，通过美国证券交易委员会（SEC）登记注册是一道必经的程序。发行人必须真实、准确无误的披露债券发行的相关信息，并对披露的信息承担相应的法律责任。而采取私募发行方式的债券发行人，虽然无须通过 SEC 登记注册，但仍然需要履行相关的信息披露程序，并确保信息披露的公平性、真实性和准确性。

美国证券交易委员会（SEC）对于债券市场信息披露的监管主要通过三条途径进行：

（1）制定债券市场信息披露规则，并负责监督实施。比如美国《证券法》第 11 章和第 12 章对于信息披露的真实性和准确性及相应的法律责任有明确规定。

（2）对违规信息披露的行为展开调查、裁定和惩处（行政惩处、民事惩处和刑事惩处）。

（3）对债券发行过程中参与的中介机构进行监督和管理。对于中介机构在执业过程中的违法违规行为进行调查、处理，如会计师事务所审计报告的准确性，是否有虚假记载和粉饰财务数据的情况，对于评级机构的评级是否存在虚高的情况，对于律师事务所的公司治理和法律方面的问题是否审核到位的情况，通过约束中介机构的行为以保护投资者利益。

三、偿债保障

为了充分保障债券持有人利益，最大程度保障债券本息的如期兑付，高收益债券的相关债券契约中往往会规定发行人和持有人之间的权利与义务，并设置了一些偿债保障性条款，如设立偿债基金、提供相关抵质押、股息限制条款、限制新债务或设置优先偿付条款等。

（一）设立偿债基金

为确保如期兑付债券本息，发行人在债券兑付兑息日前若干个交易日就必须提前预存一部分基金，作为偿债准备金，这个基金由第三方托管。在债券实际到期前，这部分基金不能用以抵销债务。偿债基金的设立可以缓释发行人的违约风险。

（二）限制新债务或设置优先偿付条款

在债券契约的条款设置中，加入限制债务人新增借款或担保的规模，设定债务人的资产负债率上限。若债务水平超过上限要求债务人必须立即采取有效措施降低债务水平，或设置债券持有人的提前回售条款，确保债券持有人的优先偿付权。

（三）股息限制条款

股息限制条款是指在债券契约中设定公司在分红派息时所不得不考虑的各种限定条件，比如限制在债券存续期内发行人支付给股东的股息不得高于发行人净利润的一定比例，当公司的流动资产不足以抵偿到期应付债务时，公司不得分配股利等，以保护债权人的权利。

（四）抵质押

债券契约中设定抵质押条款，比如使用房产、机器设备、股权等办理抵押或质押，作为偿债的保障。在债券存续期内，一旦发行人违约，债券受托管理人可以通过处置抵质押物品来兑付债券的本金和利息。

（五）提前赎回

当公司发生重大不利变化时，如业绩持续下滑、重大债务纠纷、发行人控制权变更或存在兼并、整合及出售资产等情况时，债券持有人有权要求发行人提前赎回债券。

（六）风险业务限制

由于债券持有人只能获得固定收益，发行人从事高风险业务可能使偿债能力恶化。因此，为了保护债券持有人利益，在债券契约中会设置限制发行人从事高风险业务的条款。

（七）发行可转换债券

美国债券市场的数据显示，高成长高风险行业（如 IT 和生命科学行业）、资本密集型行业（如电信和医疗保健行业），以及资本成本较为昂贵的行业（如金融和消费品行业）中的企业，最愿意发行可转换债券[1]。

四、违约处置

高收益债券违约是指发行人没有按约定的兑付兑息日兑付本金和利息的行为。在发行人没有和债权人达成兑付兑息一致协议的情

---

[1] 中国人民银行武汉分行、长江证券公司联合课题组：《我国中小企业债券融资问题研究》，载《金融研究》，2007 年第 9 期，第 55~67 页。

况下，发行人可以进入破产程序。

在美国，高收益债券违约处置通常有两种方式：

（1）发行人进入破产保护。发行人进入破产保护后，将进行债务重组，即发行人的债权人放松对发行人的财务限制条件，延长本金或利息的支付。或者采用债权转换为股权的形式，减轻发行人的中短期偿债压力，使其暂时摆脱债务的清偿压力，通过自身的造血功能，缓慢恢复盈利能力，逐步积累债务的清偿资本，从而达到最大限度地保护债券持有人利益的目的。

（2）发行人进入破产清算。如果发行人和债权人无法达成债务重组的一致意见，则发行人可选择申请破产。发行人进入破产清算程序后，由托管人对发行人资产进行清算，资产处置所得资金依据债务偿还的先后顺序用来偿还发行人存量债务。通过破产清算，债券持有人有可能会得到债券利息及本金的全部或一部分。由于高收益债券一般没有设置抵质押品，而且清偿顺序位于其他具有优先求偿权的债权人之后。因此，高收益债券持有人最后获赔金额可能非常有限。

第三节　海外高收益债券的启示

一、以私募发行为主

因为高收益债券发行人资质和信用级别相比投资级的债券发行人要更低，债券风险更高，所以海外高收益债券普遍采用私募发行的方式，主要面对资产实力雄厚、风险识别能力强和风险承受能力更高的机构投资者。

二、促进并购重组

海外高收益债券的发展与杠杆收购密切相关。20 世纪 80 年代，美国的高收益债券作为并购融资工具，为杠杆收购提供了大量的资金来源，直接推动了 80 年代的企业并购热潮。目前国内企业的并购活动越发活跃，发展高收益债券参与并购融资是解决企业并购融资来源、促进并购重组活动顺利实施的关键。对于推动国家创新发展战略、加快产业结构调整、促进实体经济转型、推进债券市场发展都具有积极意义。

三、机构投资者为主

从海外高收益债券市场的投资者结构来看，具有多元化、以机构投资者为主的特点。海外高收益债券的投资者包括养老基金、共同基金、保险公司、投资级基金和外国投资者等。我国债券市场的投资者结构相比海外投资者较为简单，主要为商业银行、保险公司、证券公司、基金公司等。尤其是高收益债券的投资者更为单一，基本为风险偏好水平较高的中小型商业银行。未来有必要培育风险识别能力强和承受能力强的机构投资者进入高收益债券市场。

四、开展金融衍生品创新

由于高收益债券的风险相比投资级债券的风险要高，随着宏观经济环境恶化，高收益债券违约率也随之攀升，投资者迫切需要创新金融工具来对冲可能到来的违约风险。在海外发达市场，对冲信用风险的工具有信用违约互换（CDS）和债券抵押债务凭证（CBO）等信用衍生产品。这些风险对冲产品的创设既促进了一级市场的发行，又提高了二级市场的流动性，更好地弥补了高收益债券市场的制度缺陷。在我国创新创业公司债券市场，虽然可以在债券发行合同中设置一些条款，比如抵质押品、担保等来降低风险，但对冲系统性风险的创新工具仍显不足。因此，在发展创新创业公司债券的同时，也很有必要推出一些具有风险对冲功能的金融衍生工具，以保护市场的健康发展。

五、完善市场配套设施建设

纵观海外高收益债券市场都有一套较为健全的市场配套制度，如严格的审计制度、较为成熟的资信评估体系、健全的信息披露制度、标准的司法程序和违约处置机制、高效的交易结算系统等。市场配套制度就是市场的保护伞，有利于降低整个市场的风险水平，提高市场交易信息的透明度，提升市场的资源配置效率。每一个债券市场的成熟都伴随着市场配套设施建设的不断完善。

六、规范市场运作

在海外高收益市场发展初期，高收益债券也曾成为投资者的投机工具。尤其是20世纪80年代美国发行的高收益债券中，部分杠杆收购仅为资本投机，导致违约率大幅上升。经过一段时间治理完善后，高收益市场才逐渐趋于理性。因此，发展高收益债券需要加强监管、限制过度投机，并在实践中不断总结经验，建立完善的规范运行机制和有效的风险防范体系。

INNOVATION
ENTREPRENEURSHIP

第六章
我国创新创业公司债券的发展

今天这个世界最缺乏力量和善意的结合。

——［美］阿尔伯特·爱因斯坦

改革开放以来，我国债券市场支持创新创业公司的发展经历了从无到有、从探索到实践、从粗放式发展到规范化运行的过程。为支持中小企业和高新技术企业发展，先后尝试过中小企业高新债券、中小企业私募债券、并购重组私募债券等债券品种，积累了宝贵的实践经验。随着经济增长向高质量发展方式转变，创新创业公司债券迎来了发展的黄金期。

第一节 发展历程

一、起步阶段（1996~2008 年）

20 世纪 90 年代，随着我国经济体制改革的逐渐深入，计划经济体制向市场经济体制转型，资本市场重新登上历史舞台。从最早发行国库券开始，中国的债券市场不断发展。1987~1992 年，企业债券市场快速发展。当时，虽然发行主体大多是大中型国有企业，但也不乏一些中小集体企业通过发行地方债券筹集资金。

　　1997 年后，债券融资越来越向超大型中央企业集中，甚至连一些规模较大的中型企业、上市公司都很难发行企业债券。这期间，只有科技部在 1998 年和 2003 年两次组织多家中小高科技企业通过捆绑方式发行中小企业高新债券，具体见表 6 - 1。

表 6 - 1　　　　　　　两次高新技术产业开发区企业债券发行情况

	企业数	规模	期限	利率	评级	特别条款
98 高新债	13 家	3 亿元	3 年	8%	AA	发行人无法偿付时由开发区财政垫付
2003 高新债	12 家	8 亿元	3 年	3.52%	AA	托管人负有追讨本息和代理破产清算责任

　　资料来源：Wind 资讯。

　　这两次债券发行都由科技部负责挑选发债企业，并且监督后续的发行以及偿还。另外，这两次债券发行还采取统一冠名、分别负债、分别担保、捆绑发行的模式，未涉及复杂的共同负债、共同担保等权责分配问题。在担保方面，由发债企业控股或参股股东担保，高新技术产业开发区财政兜底，解决了银行所需的担保条件。在交易方式上，两个集合债券都没有在交易所或银行间市场挂牌上市。

　　科技部的创新实验没有大范围推开，主要原因是当时的《企业债券管理条例》和《公司法》规定，发行主体必须是公司或者具有法人资格的企业。中小企业联盟是一种社会团体，并不具有法人资格。

　　改革开放以后，中国资本市场经历了快速发展。但是，中国资本市场建设初期一直存在比较强烈的"重股轻债"倾向，这和当时需要利用股票发行筹集社会资金来降低国有企业负债，减少国有商业银行坏账有比较密切的关联。因此，中国资本市场受到当时特殊的宏观经济环境影响，带有明显的政策性权衡特征，市场规则设计受行政干预的比重远大于市场自由选择的比重。这导致在很长时间里，我国债券市场的功能得不到充分发挥，并形成一些深层次的矛盾和问题，如刚性兑付的问题、发行主体计划分配的问题、政府担保的问题和利率限制的问题；这也导致改革开放许多年以后，企业债券市场法规和其他配套制度建设仍然比较滞后，服务于创新创业公司的债券市场更是缺少创新和发展。

二、探索阶段（2009～2015年）

（一）中小企业私募债券

自2009年开始，为了解决中小企业融资难问题，我国债券市场进行了很多尝试，创造出中小企业集合债券、集合票据、区域集优票据等融资品种，为中小企业开辟了更多的融资渠道。

2012年5月，上海证券交易所和深圳证券交易所正式公布了中小企业私募债券业务试点办法，首批中小企业私募债券也于2012年6月正式推出。试点办法规定，发行主体限于非上市中小微企业，采用交易所备案制，无须审批，不强制评级。私募债券不能上竞价系统交易，但可以通过上海证券交易所固定收益平台或深圳证券交易所综合协议平台转让。2012年6月8日，由东吴证券承销的苏州华东镀膜玻璃有限公司5000万元中小企业私募债券在上海证券交易所首单发行成功。

1. 试点情况

中小企业私募债券采用备案制，无须审批，条款灵活，融资人和投资者可自行协商确定票面利率、增信措施、有无评级、争议机制等重要条款。中小企业私募债券灵活、高效的发行方式，吸引了许多希望获得较高收益的投资机构和有融资需求的中小企业的积极参与，实现了双方的互利共赢。中小企业私募债券发行利率多为8%~10%，最低不到7%，最高达到15%；期限多为2~3年，单只发行金额多在2亿元以内；行业分布上以制造业占比最高，其他行业较为分散，且有10%左右是城投公司。

截至2014年7月底，共有683家中小企业向沪、深交易所提交备案申请，计划发行规模1251亿元，实际发行规模680亿元，债券余额653亿元。债券存量已经超过发改委核准的中小企业集合债券（余额68亿元）和银行间交易商协会注册的中小企业集合票据（余额165亿元）。

中小企业私募债券要求私募债券设立受托管理人、偿债保险金专户和限制股息分配等投资者保护措施，比普通公司债券的要求相对要高一些。在信息披露上，中小企业私募债券的要求低于公募债券，投资者可以根据自身需要在募集说明书中约定信息披露的范围。

中小企业私募债券是公司债券私募发行的首次尝试，监管部门、交易所在放松发行前置条件、简化前置程序、加强信息披露监管、严格投资者适当性管理、防范风险等方面积累了大量的监管经验，证券公司积累了私募债券的承销、交易、受托管理的业务经验。这为扩大债券私募发行的主体范围，建立较为系统的私募债券管理制度打下了良好基础。2015年1月16日，中国证监会发布《公司债券发行与交易管理办法》，中小企业私募债券发行主体扩大至全部的公司制法人，而不再限于中小企业。在总结中小企业私募债券试点经验的基础上，对非公开发行债券做出专门规定，全面建立非公开发行制度。同期，沪、深交易所停止受理中小企业私募债券备案材料，中小企业私募债券并入非公开发行公司债券序列。

中小企业私募债券从推出到退出虽然只有短短两年多时间，但它是在借鉴海外高收益债券发展经验的基础上，努力试图破解我国中小企业融资难问题的一次重大尝试，具有重要的实践意义。通过此次试点积累了丰富的经验教训，为创新创业公司债券的诞生起到了重要的启蒙和探索作用。

2. 存在问题

一是在中小企业私募债券试点过程中，许多发行人并非科技类创新企业，而是平台类公司，其突破性高成长概率不大。中小企业在直接融资方面的自身局限制约了中小企业私募债券的规模增长。一方面，对于投资者而言，由于中小企业债券风险较大，往往要求较高的利率回报；另一方面，大多数中小企业处于竞争性行业，盈利水平难以承受过高的融资成本，而且由于政策的限制，房地产、地方融资平台、小额贷款公司等三类利率承受能力较高的发行主体尚不能发行中小企业私募债券。而创新创业公司主要是高科技类的创新企业，突破性高成长概率比一般中小企业大得多，更易引起风险承受能力强的投资机构的青睐。

二是市场培育需要时间。目前，市场参与者认识还存在偏差，不少市场参与方认为中小企业私募债券是"垃圾债"或"高收益债券"，过分强调中小企业私募债券的高风险和高收益特征。证券公司服务中小企业融资的能力有待提高，具有风险偏好和识别能力的合格投资者尚待培育，同时政府配套政策还有待完善。

三是监管的法律基础尚不稳固。《中华人民共和国证券法》对证券公开发行、交易设计、信息披露、违规、欺诈、内幕交易等均有明确的监管规定，但对私募债券的监管缺乏有针对性、操作性的条款，法律适用性存在争议。当中小企业私募债券出现违约或争议时，法律救济手段有限，法律效力存在不确定性。

四是交易制度设计仍需完善。中小企业私募债券是小众产品，投资者群体较小，流动性不高是其固有特点，但现有交易安排仍有可完善之处。例如投资者在交易所固定收益平台搜寻交易对手成本较高；缺乏货币经纪公司等中介机构提供居间经纪服务；交易方式仅有现券交易，一对一协议回购交易尚待建立。

（二）并购债券

2014 年 3 月 24 日，国务院发布了《国务院关于进一步优化企业兼并重组市场环境的意见》，首次明确提出"改善金融服务，发挥资本市场作用，符合条件的企业可以通过发行股票、企业债券、非金融企业债务融资工具、可转换债券等方式融资"。发行并购债券，有利于企业通过并购重组进行要素组合，合理配置资源，既提升了企业经营效率，又缓解了传统行业产能过剩问题。

近年来，我国上市公司并购重组较为活跃。但与西方发达经济体不同，我国并购融资工具比较单一，并购资金有限，抑制了大规模并购活动，限制了行业集中度和经济增长率的提高。并购债券这一传统的融资渠道，成为兼并重组融资方式的"新面孔"。

（1）首单并购企业债券：13 天瑞水泥债。2013 年 2 月 26 日，我国第一只并购企业债券"13 天瑞水泥债"分别在银行间市场和上海证券交易所成功发行，开创了企业债券募集资金用于股权收购的先河。该笔债券经国家发改委批准公开发行，募集资金主要用于支付并购价款。"13 天瑞水泥债"募集资金规模为 20 亿元，发行人为天瑞集团水泥有限公司，经鹏元资信评估有限公司综合评定，发行人主体、债券信用等级均为 AA+，债券期限 8 年，采用固定利率，票面年利率为 7.10%，附第五年末发行人上调票面利率选择权及投资者回售选择权。

"13 天瑞水泥债"成功获得国家发改委批准的原因，一方面，由于发行人为河南省和辽宁省最大的水泥熟料生产企业，并购资金用于收购河南省、辽宁省和其他地区的熟料及水泥生产线，有利于提高产业集中度，符合国家产业政策要求；另一方面，本次债券募集资金额不足并购金额的一半，且要求天瑞集团铸造公司、天瑞集团旅游发展有限公司提供连带责任担保，风险较小。但是与并购贷款相比，本次债券优势并不明显，可推广性和可复制性较差，之后也并无类似并购债券发行。

（2）首单私募并购中期票据：13 湘黄金 PPN001。2013 年 5 月 20 日，我国首单私募并购中期票据"13 湘黄金 PPN001"在银行间市场成功发行。本次中期票据发行人为上市公司湖南黄金集团有限责任公司，发行金额为 1.48 亿元，发行期限 3 年，票面利率 5.85%。本次中期票据募集资金用途为置换并购贷款，而非直接支付并购款项，因此对于并购本身意义不大，主要是为了调整公司资本结构。一方面，本次中期票据为信用发行，使得发行人原用于并购贷款而质押的公司股权得以释放；另一方面，本次中期票据票面利率5.85%，综合成本较原并购贷款低0.9%，每年为发行人节约财务费用130万元。

（3）首笔公开发行的纯信用并购中期票据：15 海国鑫泰MTN001。2015年10月22日，我国首单公开发行的纯信用并购中期票据"15 海国鑫泰 MTN001"在银行间市场成功发行。本次中期票据募集资金直接用于支付并购价款。本次中期票据发行人为北京海国鑫泰投资控股中心，共注册发行10亿元，分两期发行，每期发行金额均为5亿元，发行期限5年，用于支付受让北京国泰阳光投资管理有限公司和北京永济财富投资管理有限公司100%股权的并购价款，并购价款总计16.69亿元，使用本次中期票据募集资金10亿元，剩余6.69亿元由发行人自筹，募集资金投入金额占并购总金额的59.92%。

本次纯信用并购中期票据较之前取得四个方面的突破：一是本次中期票据募集资金用来直接支付并购价款，而非置换并购贷款；二是本次中期票据募集资金占并购总额的比例接近60%，大于并购贷款规模；三是本次中期票据发行方式为公开发行，票面利率仅为4.38%，低于同期银行贷款基准利率，发行成本较低；四是本次中期票据为信用发行。本次中期票据的发行真正解决了企业对并购资金的需求，且对并购本身的意义超过了调整融资结构的意义。

（4）并购重组私募债券试点。2014年11月，上海证券交易所发布《关于开展并购重组私募债券业务试点有关事项的通知》，开始尝试并购重组私募公司债券试点，即在中国境内注册的公司制法人为开展并购重组活动，在中国境内以非公开方式发行和转让，约定在一定期限还本付息的公司债券。募集资金主要用于支持并购重组活动，包括但不限于支付并购重组款项、偿还并购重组贷款等。

2015 年 1 月 20 日，由国泰君安作为主承销商的"昆明市高速公路建设开发股份有限公司 2014 年并购重组私募债券"发行，成为交易所首单并购重组私募公司债券。昆明高速此次收购昆明元朔所需资金总规模约为 25.14 亿元，共发行两期并购重组私募债券，募集资金用于并购重组活动的金额占并购重组所需资金总规模的80.15%。其中，"14 昆高 01"发行金额 14 亿元，票面利率为7.5%，期限 5 年，设计第三年末的回售条款。2015 年 6 月 25 日，昆明高速公路建设公司发行第二期并购重组私募债券"14 昆高 02"，发行金额 11 亿元，票面利率为 7.2%，募集资金中的 8.8 亿元用于支付收购隧道股份持有的昆明元朔 44.93% 股权的价款。

2015 年 7 月 10 日，山东泉兴中联水泥有限公司发行了第二只并购重组私募债券，发行金额 2 亿元，期限 3 年，利率 9%，募集资金用于偿还民生银行的并购贷款。

三、发展阶段（2016 年至今）

创新创业公司是我国高科技发展的基础性力量，工业化完成以后，中国经济要继续保持中高速增长，必须依靠科技创新来实现。所以，尽管创新创业公司债券风险很大，但是国家必须鼓励创新创业公司通过发行高收益债券来促进我国高科技产业的发展。

为支持大众创业、万众创新，我国债券市场的主管单位国家发改委、人民银行和中国证监会积极进行产品创新，出台了一系列政策，对发展我国创新创业公司融资进行了各种有益的探索。例如，国家发改委 2015 年 11 月出台了《双创孵化专项债券发行指引》，加大企业债券融资对双创孵化项目的支持力度；银行间交易商协会研究推出高收益票据，为中小科技型企业开辟更多的融资渠道。

2016 年 3 月，在中国证监会的指导下，全国首批创新创业公司债券"16 苏方林"、"16 苏金宏"和"16 普滤得"在上海证券交易所成功发行，发行人分别为苏州方林科技股份有限公司、苏州金宏气体股份有限公司和苏州普滤得净化股份有限公司，发行规模分别为 2000 万元、3000 万元和 1000 万元，打响了创新创业公司债券的第一枪。

2016 年 7 月，为进一步扩大试点范围，推进创新创业公司债券快速发展，中国证监会牵头组织成立了"创新创业公司债券"试点专项工作小组，正式开启创新创业公司债券的试点推广工作。东吴证券、国泰君安、浙商证券、中信建投等多家券商受邀加入该小组，协作开展推广方案的制定工作。

2016 年 10 月，首批冠名"创新创业"的公司债券成功发行，发行人分别为昆山龙腾光电有限公司和苏州德品医疗科技股份有限公司，并随后成功在深圳证券交易所发行一单，发行人为苏州传视影视传媒股份有限公司，为试点专项工作小组阶段性工作交出了一份圆满答卷。

2017 年 7 月 7 日，中国证监会正式发布《中国证监会关于开展创新创业公司债券试点的指导意见》，标志着我国正式推出了创新创业公司债券这一具有"中国特色"的高收益债券新品种。2017 年 7 月 10 日，东吴证券主承销的苏州旭杰建筑科技股份有限公司非公开发行创新创业公司债券成功发行，这是《指导意见》发布后首批创新创业公司债券，发行规模 1560 万元，期限 3 年。

2017 年 9 月 22 日，上海证券交易所、深圳证券交易所分别会同全国股转公司和中国结算联合发布《创新创业公司非公开发行可转换公司债券业务实施细则（试行）》（以下简称《实施细则》）。《实施细则》为不久前中国证监会出台的《指导意见》的配套规则，旨在进一步推动落实国家创新驱动发展战略，发挥交易所债券市场服务实体经济功能。《实施细则》明确了符合条件的创新创业公司可非公开发行可转换公司债券，与一般的创新创业公司债券发行条件不同的是，《实施细则》中的创新创业可转换公司债券的发行主体必须是非上市股份有限公司，如果是新三板挂牌企业，必须在创新层，发行方式只能为非公开，且所有发行主体在可转债发行前，股东人数不得超过 200 人。《实施细则》还对发行创新创业可转换公司债券转股条款（包括转股价格）、转股程序、信息披露等内容进行了明确规定。《实施细则》的出台有利于进一步扩大创新创业公司债券发行规模，提高企业、机构参与的积极性，更好地发挥债券市场服务创新创业公司的作用。

2017 年 10 月 16 日，首批三家新三板公司成功发行了创新创业可转换公司债券。其中，苏州市伏泰信息科技股份有限公司创新创业可转换公司债券和苏州旭杰建筑科技股份有限公司创新创业可转换公司债券的主承销商和受托管理人均为东吴证券。两家公司此前均发行过创新创业公司债券，分别为"17 伏泰债"和"17 旭杰债"，主承销商均为东吴证券。蓝天环保创新创业可转换公司债券主承销商为华福证券。

第二节　市场特点

一、发行规模

　　截至 2017 年末，上海证券交易所和深圳证券交易所共有 28 单创新创业公司债券完成发行，发行人共 23 家，发行金额累计 41.99 亿元，并已储备多家优质企业。主承销商包括东吴证券、浙商证券、中信建投、海通证券、国信证券、国泰君安、华福证券、英大证券、招商证券等在内的 12 家券商，其中东吴证券累计承销 13 单，发行数量接近沪、深交易所已发行创新创业公司债券的半数，如表 6 - 2 所示。

二、运行特点

（一）发行主体以新三板挂牌和上市公司为主

　　从发行主体看，目前已发行的 28 单创新创新公司债券中，发行

表6-2　　我国创新创业公司债券发行情况一览（截至2017年底）

发行人名称	债券简称	发行日期	发行总额（亿元）	发行方式	发行期限（年）	票面利率（%）	评级	担保人	企业性质	是否上市/挂牌
苏州普滤得净化股份有限公司	16普滤得	2016-3-8	0.10	非公开	1	5.35	—	—	民营企业	挂牌
苏州金宏气体股份有限公司	16苏金宏	2016-3-8	0.30	非公开	1	5.35	—	—	民营企业	挂牌
苏州方林科技股份有限公司	16苏方林	2016-3-8	0.20	非公开	1	5.35	—	—	民营企业	挂牌
昆山龙腾光电有限公司	16龙腾01	2016-10-20	0.50	非公开	1	3.88	—	昆山国创投资集团有限公司	地方国有企业	否
苏州德品医疗科技股份有限公司	16德品债	2016-10-20	0.05	非公开	3（1+1+1）	8.00	—	苏州工业园区德品工贸有限公司	民营企业	挂牌
苏州传视影视传媒股份有限公司	16传视S1	2016-11-2	0.20	非公开	3（2+1）	7.00	—	苏州市聚创科技小额贷款有限公司	民营企业	挂牌
北京广厦网络技术股份有限公司	17广厦债	2017-1-20	0.25	非公开	2	7.1	—	北京首创融资担保有限公司	民营企业	挂牌
浙江青天科技股份有限公司	17青天债	2017-2-24	0.12	非公开	2	6.50	—	杭州高新担保有限公司	民营企业	挂牌

续表

发行人名称	债券简称	发行日期	发行总额（亿元）	发行方式	发行期限（年）	票面利率（%）	评级	担保人	企业性质	是否上市/挂牌
广州阳普医疗科技股份有限公司	17阳普S1	2017-4-27	3.00	公开	5(3+2)	5.65	主体AA-，债项AAA	深圳市高新投集团有限公司	民营企业	上市
深圳市天图投资管理股份有限公司	17天图01	2017-5-19	10.00	公开	5(3+2)	6.50	主体AA，债项AAA	中证信用增进股份有限公司	民营企业	挂牌
上海璞泰来新能源科技股份有限公司	17璞泰01	2017-5-17	2.00	公开	3	5.30	主体AA，债项AA+	北京中关村科技融资担保有限公司	民营企业	上市
苏州旭杰建筑科技股份有限公司	17旭杰债	2017-7-10	0.16	非公开	3(2+1)	7.00	—	苏州市农业担保有限公司	民营企业	挂牌
苏州伏泰科技股份有限公司	17伏泰债	2017-7-28	0.2	非公开	2	7.00		苏州市农业担保有限公司	民营企业	挂牌
济南圣泉集团股份有限公司	17圣泉01	2017-7-28	1.00	公开	3(1+1+1)	7.00	主体AA，债项AA	—	民营企业	挂牌
汉柏科技有限公司	17汉柏S1	2017-8-18	3.0	非公开	5(3+2)	6.50	主体AA-，债项AAA	深圳市高新投集团有限公司	中央国有企业	否
杭州图南电子股份有限公司	17图南01	2017-8-28	0.1	非公开	2(1+1)	6.00	—	杭州高新担保有限公司	民营企业	挂牌

续表

发行人名称	债券简称	发行日期	发行总额（亿元）	发行方式	发行期限（年）	票面利率（%）	评级	担保人	企业性质	是否上市/挂牌
昆山龙腾光电有限公司	17龙腾债	2017-9-19	0.5	非公开	1	5.60	—	昆山国创投资集团有限公司	地方国有企业	否
北京昆仑万维科技股份有限公司	17万维S1	2017-9-19	2.4	公开	5(2+2+1)	7.00	主体AA，债项AA	—	民营企业	上市
苏州旭杰建筑科技股份有限公司	17旭杰转	2017-10-16	0.106	非公开	6(4+2)	6.5	—	—	民营企业	挂牌
苏州伏泰科技股份有限公司	17伏泰转	2017-10-16	0.4	非公开	1	4.00	—	苏州市农业担保有限公司和大股东无限责任	民营企业	挂牌
北京蓝天瑞德环保技术股份有限公司	蓝天转S1	2017-10-16	0.2	非公开	3	2%+4%+12%	—	—	民营企业	挂牌
深圳市天图投资管理股份有限公司	17天图02	2017-10-19	8.00	公开	5(3+2)	6.00	主体AA，债项AAA	中证信用增进股份有限公司	民营企业	挂牌
汉柏科技有限公司	17汉柏S2	2017-10-20	3.00	非公开	5(3+2)	6.50	主体AA-，债项AAA	深圳市高新投集团有限公司	中央国有企业	否

续表

发行人名称	债券简称	发行日期	发行总额（亿元）	发行方式	发行期限（年）	票面利率（%）	评级	担保人	企业性质	是否上市/挂牌
深圳价值在线信息科技股份有限公司	价值转S	2017－12－11	0.20	非公开	1	2.80	—	—	民营企业	否
深圳市创新投资集团有限公司	17创投S1	2017－12－13	5.50	公开	5	5.20	主体AAA，债项AAA	—	地方国有企业	否
苏州乐米信息科技股份有限公司	17乐米债	2017－12－15	0.10	非公开	3	6.50	—	苏州高新区中小企业担保有限公司	民营企业	挂牌
丰电科技集团股份有限公司	17丰电债	2017－12－27	0.30	非公开	3	6.42	—	北京中关村科技融资担保有限公司	民营企业	挂牌
北京博雅立方科技有限公司	17博雅01	2017－12－29	0.10	非公开	2（1＋1）	6.00	—	上海三盛宏业投资（集团）有限责任公司	民营企业	否

资料来源：Wind资讯。

人共 23 家,其中 3 家为上市公司,15 家为新三板企业,另外 5 家为非上市非挂牌公司。在 23 家发行主体中,21 家为创新创业公司,其中 19 家拥有高新技术企业资质;2 家为创业投资公司,分别是深圳市天图投资管理股份有限公司和深圳市创新投资集团有限公司,主要从事创新创业公司股权投资。15 家新三板企业中,11 家为创新层,4 家为基础层。

上述 28 单创新创业公司债券中,创新创业可转换公司债券共 4 单,分别是"17 旭杰转"、"17 伏泰转"、"蓝天转 S1"和"价值转 S";发行人 4 家,其中 3 家为新三板创新层企业,"17 伏泰转"和"17 旭杰转"的发行人均在之前发行过创新创业公司债券,"价值转 S"的发行人深圳价值在线信息科技股份有限公司为非上市非挂牌创新创业企业。

从企业性质看,23 家发行人中民营企业共有 20 家,国有企业 3 家,以民营企业为主。

(二) 发行方式以非公开发行为主

在已发行的 28 单创新创业公司债券中,非公开发行 21 单,占比 75%;公开发行仅为 7 单,占比 25%。

创新创业公司债券以非公开发行为主,除了可转债《实施细则》明确必须非公开发行以外主要原因在于:一是公开发行对发行主体的资质要求较高,如最近三年平均可分配利润足以支付公司债券一年的利息,要求强制评级,且累计公开发行债券余额不得超过公司净资产的 40% 等。很多处于成长期的创新创业公司净资产规模普遍较小,净利润数额有限且变化幅度大,发行主体很难达到 AA −、

AA 及以上评级；二是非公开发行可以减少评级支出，同时非公开审核周期较短，能够更快地满足企业融资需求。对于资质较好或有较高额度资金需求的创新创业公司，如果本身符合公司债券公开发行条件，或者通过第三方担保可以将债项评为 AA 及以上，为了降低发行成本，则公开发行不失为更好的选择。

（三）多家公司公开发行创新创业公司债券

目前公开发行的 7 单创新创业公司债券，其中 3 单为上市公司发行，分别为"17 阳普 S1"、"17 璞泰 01"和"17 万维 S1"，发行人分别为广州阳普医疗科技股份有限公司、上海璞泰来新能源科技股份有限公司和北京昆仑万维科技股份有限公司，发行人主体评级分别为 AA－、AA－和 AA，发行规模分别为 3 亿元、2 亿元和 2.4 亿元。其中"17 阳普 S1"和"17 璞泰 01"分别由深圳市高新投集团有限公司和北京中关村科技融资担保有限公司提供不可撤销的连带责任保证担保，债项评级分别为 AAA 和 AA＋。另外 4 单分别为"17 圣泉 01"、"17 天图 01"、"17 天图 02"和"17 创投 S1"，发行人分别为济南圣泉集团股份有限公司、深圳市天图投资管理股份有限公司和深圳市创新投资集团有限公司，前两家均为新三板挂牌公司，最后一家为非上市非挂牌公司。3 家发行人主体评级分别为 AA、AA 和 AAA，发行规模分别为 1 亿元、18 亿元和 5.5 亿元，债项评级分别为 AA、AAA 和 AAA。

（四）公开发行利率低于非公开发行

从发行利率看，公开发行创新创业公司债券的利率较低，且期限较长，多为 3～5 年，3 年期平均发行利率 6.15%，5 年期平均发行利率 6.07%。非公开发行的创新创业公司债券中，"17 汉柏 S1"、"17 汉柏 S2"发行人为中央国有企业，地方国有企业提供担保，资质较好（债项评级 AAA），发行期限为 5 年，发行利率为 6.5%；"17 旭杰转"创新创业可转换公司债券的发行期限为 6 年，发行利率为 6.5%。其他非公开发行的未设有转股条款的创新创业公司债券发行期限均集中在 1～3 年，1 年期平均发行利率 5.11%，2 年期平均发行利率 6.52%，3 年期平均发行利率 6.98%。"蓝天转 S1"、"17 伏泰转"、"17 旭杰转"和"价值转 S"均为创新创业可转换公司债券，发行期限分别为 3 年、1 年、6 年（4＋2）和 1 年，发行利率分别为 2%（第一年）、4%、6.5% 和 2.8%。可转债的发行利率除了与发行人主体资质、发行期限、增信措施等有关外，还与具体的转股条款设置有关。

（五）平均发行规模为 1.5 亿元

目前已发行的 28 单创新创业公司债券，共募集资金额 41.99 亿元，平均每单发行规模约 1.5 亿元。其中公开发行共 7 单，共募集资金额 31.9 亿元，平均每单发行规模约 4.56 亿元；非公开发行共 21 单，共募集资金额 4.39 亿元，平均每单发行规模约 0.21 亿元。

（六）行业分布均为新兴产业

从发行人行业分布看，目前 23 家发行人主要集中在新材料、TMT、医疗保健、半导体、节能环保、传媒和创投等行业，行业分布较集中。

（七）无评级占比超过 2/3

目前已发行的 28 单创新创业公司债券中，无评级的 19 单，有评级的 9 单。有评级的主体评级多集中在 AA－和 AA，债项评级多集中在 AA、AA＋和 AAA。

（八）超过 2/3 由控股股东或第三方机构提供增信

目前已发行的 28 单创新创业公司债券中，9 单无担保，19 单由控股股东或第三方担保机构提供增信。

（九）募集资金主要用于创新创业公司生产运营

目前已发行的 28 单创新创业公司债券中，除"17 天图 01"、"17 天图 02"和"17 创投 S1"用于设立创投基金以投资于创新创业公司股权、"蓝天转 S"用于收购公司股权外，其他主要用于偿还金融机构借款、补充运营资金和投资于产品研发。

（十）投资者以商业银行和证券公司资管为主

目前已发行的 28 单创新创业公司债券中，投资者仍以商业银行、证券公司资管计划为主，并有个别私募基金参与，这和海外高收益债券投资者主要为保险公司、投资基金、对冲基金、养老基金、高收益共同基金的情况仍有较大差别。

（十一）尚无创新创业公司债券违约

由于债券发行期间较短，目前均正常运行中，尚未有违约案例。

第三节　创新创业可转换公司债券

创新创业可转换公司债券，是指创新创业公司依照法定程序非公开发行，在一定期间内依照约定条件可以转换成公司股份的公司债券。2017年10月16日，首批三家新三板公司成功发行了创新创业可转换公司债券，标志着我国非公开发行可转换公司债券的诞生，对于我国私募转债市场发展具有里程碑的意义。

一、落实国家创新驱动战略

发展创新创业可转换公司债券是贯彻落实国家创新驱动战略和供给侧结构性改革的重要举措，也是丰富交易所债券市场品种体系、服务实体经济的创新手段。创新创业可转换公司债券一方面有助于拓宽企业的融资渠道，丰富融资方式，降低融资成本，并通过标准化的融资工具规范创新创业公司的融资行为，提高公司治理水平；另一方面，也为投资者带来更多的投资选择和退出渠道，增强创新创业公司债券的市场吸引力。

二、新三板创新层企业首发可转债

可转债在我国资本市场发展已有多年，然而相对于普通的公司债券，可转债一直是我国债券市场里的"贵族"。由于发行门槛高、审批时间长，可转债长期是稀缺品种。截至 2017 年 10 月 12 日，市场上共有可转债 20 只，规模 675 亿元，规模仅占公司债券的 1.4%，且发行主体均为规模较大的上市公司。此次在上海证券交易所非公开发行可转债的发行人伏泰科技、旭杰科技均为新三板挂牌的创新层公司，资产规模均不大，项目预审到最后发行不足半个月，审批效率大幅提高，可转债这一名贵品种与创新创业公司有了"第一次亲密接触"。

三、兼具股性和债性的可转债

可转债兼具股性和债性，可谓债券品种中的"冬虫夏草"，在发达的金融市场运用广泛，对服务实体经济大有裨益。对于中小型创新创业公司，非公开发行可转换公司债券，有助于拓宽挂牌企业的融资渠道，通过股债联动，解决长期以来困扰中小型创新创业公司"融资难、融资贵"的痛点，有效降低融资成本。发行可转债还有助于通过标准化的融资工具规范企业融资行为，提高公司治理水平，同时也给 PE 投资者带来更多的投资便利和退出渠道。

非公开发行可转债可为创新创业公司量身定做。首批发行可转债的发行人苏州市伏泰信息科技股份有限公司为新三板创新层企业，此次非公开发行规模不超过 4000 万元的可转债，转股期限为 6 个月以后，转股价为 30.6 元/股，期限为 1 年期，票面利率 4%。发行人苏州旭杰建筑科技股份有限公司，同为新三板创新层企业，此次非公开发行规模不超过 1060 万元的可转债，转股期限为 6 个月以后，转股价暂定为 5.3 元/股，期限为 6 年期，附 4 年末票面利率选择权，初始票面利率为 6.5%。通过发行可转债，两家企业在获得发展资金的同时，避免了过早稀释股权，综合融资成本下降 3%~4%。高科技成长性企业发行可转债能够有效解决发展过程中的资金瓶颈，为化解"融资难、融资贵"难题提供了良好路径。

INNOVATION
ENTREPRENEURSHIP

第七章
我国创新创业公司债券的制度
安排

人类最高的幸福在于时时创造更高的新人格。

——宗白华

第一节　政策制定

一、政策出台

2016 年 7 月，中国证监会成立由债券部牵头，上交所、深交所、地方证监局、承销机构等在内的创新创业公司债券专项工作小组，先后赴北京、浙江、深圳、青岛等国家级自主创新示范区开展创新创业公司债券调研座谈。

2017 年 7 月 7 日，在广泛调研和征求意见的基础上，中国证监会正式发布创新创业公司债券的《指导意见》。《指导意见》主要包括创新创业公司债券、创新创业公司和创业投资公司的定义，创新创业公司债券试点阶段重点支持对象、配套制度安排和保障措施等内容。《指导意见》为创新创业公司债券的发展提供了基本制度框架，也为创新创业公司债券的发展指明了方向，提供了有力的政策指导。

2017 年 9 月 22 日，《创新创业公司非公开发行可转换公司债券实施细则》（简称《实施细则》）发布。《实施细则》是《指导意见》的配套规则之一，主要内容包括四个方面：一是明确发行主体及适用范围。发行人应在满足非公开发行创新创业公司债券相关规定的前提下，还必须为新三板创新层企业或满足非上市非挂牌股份有限公司的主体资格要求。二是明确发行方式。创新创业可转换公司债券只能采取非公开发行方式，发行人股东人数在发行之前及转股后均不得超过 200 人。三是明确各方职责分工。发行人为新三板公司的，交易所确认其是否符合挂牌转让条件时，向全国股转公司征询意见。四是明确转股流程。创新创业可转换公司债券发行 6 个月后方能转股，转股流程主要包括转股申报及转股操作两个环节，新三板创新层公司和非上市非挂牌公司执行不同的转股操作流程。除此之外，《实施细则》还对创新创业可转换公司债券发行及存续期内的差异化信息披露要求及持续性义务进行了约定。

二、指导思想

（一）服务国家创新驱动发展战略

创新创业公司债券重点服务已跨越创业阶段、具有一定规模的高科技成长型企业，以及"中国制造 2025"相关企业，支持国家战略性新兴产业企业发展，有针对性地发挥公司债券服务实体经济的功能作用。

试点初期，重点支持以下两类创新创业公司：一是注册或主要经营地在国家"双创"示范基地、全面创新改革试验区、国家综合配套改革试验区、国家级经济技术开发区、国家高新技术产业园区和国家自主创新示范区等创新创业资源集聚区域内的公司。二是已纳入全国中小企业股份转让系统（新三板）创新层的挂牌公司。

《指导意见》旨在构建创新创业公司债券基本制度框架，明确中国证监会对于创新创业公司债券的支持和培育态度，建立股债结合相关机制，引导和鼓励地方政府推出支持创新创业公司债券的配套措施，包括建立对创新创业公司债券承销机构的激励机制。

《实施细则》赋予创新创业可转换公司债券"股＋债"的双重属性，提高了创新创业公司债券的市场吸引力，有利于进一步加强交易所债券市场服务实体经济功能，推动我国创新驱动发展战略目标的实现。

（二）鼓励业务创新

一是鼓励创新创业公司债券增信机制的创新。拓宽抵质押品范围，通过质押发行人的商标权、专利权、著作权等知识产权，提高信用评级。二是鼓励运用市场化手段防范和分散创新创业公司债券的信用风险。通过设置限制控制权变更、限制核心资产划转、限制新增债务、限制公司支出、增加交叉违约条款等措施，提高债券的风险保障程度，增强融资人偿债能力，降低债券信用风险。

（三）实行专项审核

中国证监会对创新创业公司债券的受理及审核设立专项机制，实行"专人对接、专项审核"，适用"即报即审"政策，大大提高了债券上市审核和挂牌转让的工作效率。

（四）完善激励机制

为鼓励证券公司承销创新创业公司债券，中国证券业协会将创新创业公司债券承销情况作为证券公司分类评价中社会责任评价的重要内容。中国证券业协会正在完善创新创业公司债券专项信息统计和评估机制，对证券经营机构开展创新创业公司债券中介服务的工作成效进行考评。

第二节　发　行　监　管

一、发行主体资格认定

根据《指导意见》，创新创业公司债券发行主体的资格认定主要参照如下政策：

（1）国家战略性新兴产业相关发展规划，包括《国务院关于加快培育和发展战略性新兴产业的决定》（国发〔2010〕32 号）；《"十二五"国家战略性新兴产业发展规划》（国发〔2012〕28 号）；国家统计局印发《战略性新兴产业分类（2012）（试行）》；

（2）《国务院关于印发〈中国制造 2025〉的通知》（国发〔2015〕28 号）、工业和信息化部印发的《〈中国制造 2025〉重点领域技术路线图（2015 年版）》等相关政策文件；

（3）国务院及相关部委出台的大众创业万众创新的政策文件，包括《国务院办公厅关于建设大众创业万众创新示范基地的实施意见》（国办发〔2016〕35 号）；

（4）国家及地方高新技术企业认定标准，如科技部、财政部和国家税务总局印发《高新技术企业认定管理办法》（国科发火〔2016〕32 号）；

（5）其他创新创业相关政策文件。

创新创业可转换公司债券的发行主体，除满足上述（1）~（5）的创新创业主体资格认定标准以外，还必须为新三板创新层企业或非上市非挂牌的股份有限公司，且发债前后股东人数均不得超过 200 人。

二、发行主体区域范围

（1）国家高新技术产业开发区。目前，经国务院批准成立的国家高新技术产业开发区共有 168 家（名单见附录6）。

（2）大众创业万众创新示范基地。经国务院批准的首批 120 个双创示范基地，包含北京市海淀区等 62 个区域示范基地、清华大学等 30 个高校和科研院所示范基地、中国电信集团公司等 28 个企业示范基地（名单见附录6）。

（3）国家自主创新示范区。截至 2018 年 2 月，全国共有 19 个国家自主创新示范区（名单见附录6）。

三、发行条件

（一）基本要求

在满足公司债券发行条件的基础上，为稳妥推进创新创业公司债券试点，加强风险管理，主承销商在内部项目立项时可以对试点发行创新创业公司债券的企业提出一些财务方面的要求。如要求试点企业至少需要成立两年以上，以及满足一些利润和营业收入等财务指标。

《指导意见》明确将重点支持国家创新创业资源集聚区域内的公司和新三板创新层公司发行创新创业公司债券。《实施细则》明确发行主体必须是新三板创新层公司和非上市非挂牌股份有限公司。

（二）管理办法和配套规则

创新创业公司债券的发行人需满足《公司债券发行与交易管理办法》、《上海证券交易所非公开发行公司债券业务管理暂行办法》和《深圳证券交易所非公开发行公司债券业务管理暂行办法》等管理办法和配套规则。

可转债的发行人除满足上述要求外，还应符合《实施细则》、《全国中小企业股份转让系统业务规则（试行）》和《非公开发行公司债券登记结算业务实施细则》等相关要求。

四、发行方式

由于创新创业公司大多处于成长期，债券发行规模一般都较小，对投资人的专业能力和风险把控能力要求较高。目前市场发行的创新创业公司债券往往以非公开发行为主，例如"16 德品债"、"16 龙腾 01"、"16 传视 S1"、"17 伏泰债"和"17 旭杰债"等。无转股条款的创新创业公司债券如满足公开发行条件的可公开发行，例如：

"17 阳普 S1"、"17 天图 01"、"17 璞泰 01"、"17 圣泉 01" 和 "17
万维 S1" 都是采用公开发行。设置转股等特殊条款的创新创业公司
债券，目前要求只能非公开发行。如已发行的 "17 伏泰转"、"17 旭
杰转" 和 "蓝天转 S1"。

五、募集资金用途

创新创业公司债券发行主体如果为一般公司，对募集资金用途
不设具体限制，由发行人与投资者自行约定，并设立专项账户。筹
集资金可用于补充营运资金，偿还银行贷款，也可用于受让现有股
权、认购新增股权或收购资产、偿还并购重组贷款等特殊用途，但
不得转借他人。

根据《指导意见》，创业投资公司发行创新创业公司债券，募集
资金应专项投资于种子期、初创期、成长期的创新创业公司股权，
且募集资金使用项目申报前需进行可行性分析，不得用于募集资金
使用项目以外的其他用途，并定期进行审计和披露。

根据《实施细则》，如果发行人为新三板创新层企业，募集资金
用途还应当符合全国股转公司关于股票发行的相关监管要求。

第三节 交易监管

一、投资者适当性管理

由于创新创业公司债券的复杂性和高风险，目前对创新创业公司债券实行投资者适当性管理，具体按照交易所合格机构投资者的标准执行，交易场所可以根据创新创业公司债券的特点实行更高的投资者适当性标准。

二、信息披露

创新创业公司债券在信息披露上比现有公司债券更加严格，在发行过程中，对涉及并购、转股、利率调整等特殊条款的创新创业公司债券，应该有更具体、严格的信息披露要求。

对于创新创业可转换公司债券的信息披露，除满足一般非公开发行公司债券的信息披露要求外，还应满足《实施细则》对信息披露的相关规定。《实施细则》对发行人年报、半年报和临时报告需披露的内容进行了明确约定，主要增加了转股条款、契约条款、控制权条款等信息披露要求，新三板发行人还同时要求按照全国股转公司的有关规定履行信息披露义务。

三、差异化安排

创新创业公司债券属于公司债券中的一个子类别，实现债券市场内部分层，依照现有公司债券发行管理体制和分类进行管理，按照交易所业务规则上市交易，不突破现有规则框架。同时，考虑到创新创业公司债券的行业特性和可以含有转股条款，在发行条件、信息披露、发行人偿债责任、投资者适当性以及债券持有人权益保护等方面，将《中华人民共和国证券法》和《公司债券发行与交易管理办法》的有关规定作为最低标准，债券交易场所可以根据实际情况出台创新创业公司债券的相关业务指引做出更高或更具体的规定。

《实施细则》就创新创业可转换公司债券的发行条件、发行人内部决策、条款设置、信息披露等方面做出了差异化安排。

四、转股条款

创新创业公司债券遵循"市场自律，契约自由"的总体原则，融资人、承销商根据市场需求，均可对债券要素、特殊条款、偿债保障措施及违约救济等内容进行个性化设计。《指导意见》还提出，非公开发行的创新创业公司债券，可设置转股条款，即创新创业可转换公司债券。创新创业可转换公司债券应当符合《指导意见》、《实施细则》的相关规定。

《实施细则》对转股期限、转股价格、契约条款、转股流程以及转股相关信息披露等内容进行了约定，对无法转股的利益补偿安排做了规定。根据《实施细则》，创新创业可转换公司债券的期限不超过6年，且发行6个月后方能转股；转股价格未设价格限制，由发行人、投资者等参与方自行确定；创新创业可转换公司债券可在募集说明书中约定业绩承诺等契约条款，增强对投资者的吸引力。创新创业可转换公司债券明确了出现因发行人股东超过200人或发行人拟申报IPO等导致债券持有人无法转股情形时，或可转债转股时不足转换成一股时的利益补偿安排。新三板创新层公司和非上市非挂牌公司应执行不同的转股流程，前者委托主办券商代为办理转股，后者委托受托管理人代为办理转股，交易所按照转股申报的时间先后顺序对可转债的转股申报进行记录，并将记录发送中国登记结算公司。中国登记结算公司根据交易所转股申报数据，对可转债债券持有人证券账户中的转债份额予以冻结并办理减记。可转债信息披露义务人应当按照交易所和募集说明书的约定履行信息披露义务。发行人为新三板企业的，还应当按照全国股转公司的规定履行信息披露义务。信息披露义务人应在定期报告、临时报告中披露与转股条款有关的内容，包括但不限于转股价格及调整、存续期债券转股情况、可转债赎回和回售情况、募集说明书契约条款执行情况、控制权变更、发生无法转股情形等内容。

对新三板创新层公司而言，与银行贷款融资方式相比，创新创业可转换公司债券具有期限长、额度高、认购迅速以及可以规避利率上调风险的优势。而与股权融资相比，又具有融资成本低，流程简单等优势。对投资机构来说，投资创新创业可转换公司债券这种类固收产品可以有效降低投资风险，同时未来可以获得转股权带来的期权价值、分享公司增长带来的红利。因此，对于发行人和投资者而言，创新创业可转换公司债券无疑是一种双赢的融资方式。

第四节 基 础 设 施

中国证监会是创新创业公司债券的主管部门，依法对创新创业公司债券的公开发行、非公开发行及其交易或转让活动进行监督管理。中国证券业协会等证券自律组织依照相关规定对创新创业公司债券的上市交易或转让、非公开发行及转让、承销、尽职调查、信用评级、受托管理及增信等进行自律管理。

创新创业公司债券按照《公司债券发行与交易管理办法》可以申请在沪、深证券交易所、全国中小企业股份转让系统、机构间私募产品报价与服务系统、证券公司柜台等场所上市交易或挂牌转让。目前，创新创业公司债券上市交易和挂牌转让的场所仅为沪、深证券交易所，其余场所尚未开通。中国证券登记结算公司对创新创业公司债券进行统一登记托管。

第五节　与高收益债券的比较

一、发行人

创新创业公司债券发行人主要有两类，分别为符合《指导意见》要求的创新创业公司和创业投资公司。

如前所述，国际上高收益债券发行人主要有四类：新星公司（Rising Stars）、坠落天使（Fallen Angel）、杠杆收购（LBO）以及高负债、资本密集型的公司。

相比之下，中国证监会推出的创新创业公司债券的发行人主要面向中小型高新技术企业以及为这些企业提供直接融资和并购重组服务的创投机构，不包含传统大中型企业以及未纳入国内创新创业公司界定范围的中小企业。

二、行业分布

创新创业公司债券的发行人为创新创业公司或投资创新创业公

司的创业投资公司，重点支持新一代信息技术、高端装备、新材料、生物医药、新能源汽车、新能源、节能环保、数字创意等战略性新兴产业企业通过创新创业公司债券融资。目前 23 家创新创业公司债券的发行人所处行业主要为新材料、TMT、医疗保健、半导体、节能环保、传媒和创投等行业，行业分布较集中，而海外高收益债券发行人所处的行业非常多样化，包括通信、能源和公用事业、工业、消费、金融、医疗保健、科技等，近年来创新型企业占比呈上升趋势。

三、评级分布

在我国，创新创业公司债券发行人多为中小型创新创业公司，企业主体本身无法获得较高评级，且我国资本市场对主体评级 AA－及以下的发行人认可度不高，评级市场也较少出现低于 AA－以下的情况。因此目前发行的创新创业公司债券大部分无评级，有评级的主体评级集中在 AA－和 AA，通过担保等方式增信，少部分债券评级在 AA 及以上，而海外高收益债券发行人主体评级主要集中在 BB和 B。

四、发行利率

创新创业公司债券可通过第三方担保、寻求政府补贴等方式降低发行成本，债券发行利率普遍低于海外高收益债券。

五、转股条款

符合《实施细则》的创新创业公司债券发行人，可非公开发行创新创业可转换公司债，而海外可转换债券的发行人一般是上市公司。

六、投资者类型

目前，创新创业公司债券的投资者主要为商业银行、证券公司资管计划，而海外高收益债券的投资者结构更丰富，主要包括保险公司、投资基金、对冲基金、养老基金、高收益共同基金等。

第六节　各地区配套政策

在前期试点阶段，创新创业公司债券试点工作得到包括创新创业公司、证券机构、投资者等市场主体的积极参与，同时也获得各地政府的高度关注，苏州市、北京中关村、杭州滨江区和深圳福田区等地方政府纷纷出台了一系列金融支持政策（见表7－1）。

目前部分经济发达的高新技术开发区都已推出或已经明确了有关创新创业公司债券的财政支持政策。以苏州市政府2017年6月22日印发的《关于进一步促进金融支持制造业企业的工作意见》为例，该文件明确，对成功发行创新创业公司债券的企业，按实际融资规模给予2%以内、最高100万元的发行费用支持，对支持企业发行创新创业公司债券且在苏有分支机构的证券公司，按实际融资规模给予1%以内、最高30万元奖励。北京中关村对于发行创新创业公司债券按照票面利率40%，单家企业年度直接融资的利息补贴不超过50万元进行支持。杭州市滨江区政府目前明确"对发行创新创业公司债券的企业，按照融资规模的1%～3%给予补贴，单次补贴金额不超过200万元"。深圳福田区的支持力度也较大，除了对辖区内企业成功利用创新创业公司债券这一新型融资工具的企业给予融资规模

2%、最高200万元的发行费用支持以外，对金融机构和中介服务机构，按实际完成融资规模1%以内，给予最高100万元的奖励，如表7-1所示。

表 7-1　　我国部分地方政府对于创新创业公司债券的支持政策

地区	时间	文件	主要内容
苏州	2017年6月和2017年10月	《关于进一步促进金融支持制造业企业的工作意见》（苏府〔2017〕72号）、《关于组织申报企业发行"双创债"市级财政补助（奖励）的通知》	对成功发行"创新创业公司债券"的制造业企业，按实际融资规模给予2%以内、最高100万元的发行费用支持；对支持企业发行"创新创业公司债券"且在苏有分支机构的证券公司，按实际融资规模给予1%以内、最高30万元奖励
中关村科技园区管理委员会	2017年4月	《中关村国家自主创新示范区促进科技金融深度融合创新发展支持资金管理办法》（中科园发〔2017〕10号）	支持在中关村示范区内注册的高新技术企业发行创新创业公司债券、战略性新兴产业债、双创孵化债、北京四板市场可转债等进行直接融资，按照票面利息的40%给予补贴。单家企业年度直接融资的利息补贴不超过50万元。同一笔直接融资业务的利息补贴不超过3年
杭州滨江区	2017年12月	《关于进一步支持科技型中小企业融资的实施意见》（杭高新〔2017〕69号）	对于债券发行企业给予融资规模1%~3%的补贴，上限不超过200万元
深圳福田区	2017年3月	《福田区支持企业创新融资实施办法》（福府办〔2017〕3号）	在福田区注册、登记的企业，且于2016年1月1日以后成功完成创新创业公司债券等方式融资，给予融资规模2%以内、最高200万元的发行费用支持。对金融机构和中介服务机构，按实际完成融资规模1%以内，给予最高100万元的奖励

资料来源：各地方政府网站。

INNOVATION
ENTREPRENEURSHIP

第八章
信用风险管理工具的运用

衍生品不是一个坏孩子。

——[美]理查德·桑德尔

第一节　国内外信用衍生产品

一、信用风险和信用衍生产品

（一）信用风险的特征

对于债券投资者来说，面临着三种类型的信用风险：违约风险（Default Risk）、信用利差风险（Credit Spread Risk）以及评级下调风险（Downgrade Risk）。违约风险是指发行人无法按期支付利息或偿还本金的风险。信用利差风险是指由于信用利差的扩大导致债券发行人的偿债义务表现比其他债券较差的风险。评级下调风险是指未预期的评级下调导致债券的信用利差扩大从而导致债券价格下跌的风险。

与市场风险相比，信用风险有其自身特点：（1）收益率概率分布偏离正态，具有偏斜分布（Skewness）和肥尾（Fat Tail）的特性；（2）具有很明显的非系统性风险特征；（3）具有明显的信息不对称现象；（4）比市场风险更难以衡量。信用风险有着不同于市场风险管理的性质与特点，决定了对其管理的困难性。随着信用衍生产品的出现，为金融机构提供了一种更系统化的评估和转移信用风险的方法，从而给它们带来更多的潜在收益。

（二）信用衍生产品的分类

信用衍生产品是指用来分离、转移和对冲信用风险的各种工具的总称，交易双方利用信用衍生产品来增加（或减少）对某一经济实体的信用风险暴露。目前国际信用衍生产品主要分为四大类，分别为资产互换（Asset Swap）、总收益互换（Total Return Swaps）、信用违约工具（Credit Default Products）和信用利差工具（Credit Spread Proudct）。其中，信用违约工具又包括信用违约互换（Credit Default Swap，CDS）和违约期权（Default Option）；信用利差工具又包括信用利差期权（Credit Spread Option）和信用利差远期协议（Credit Spread Forward），如图8-1所示。

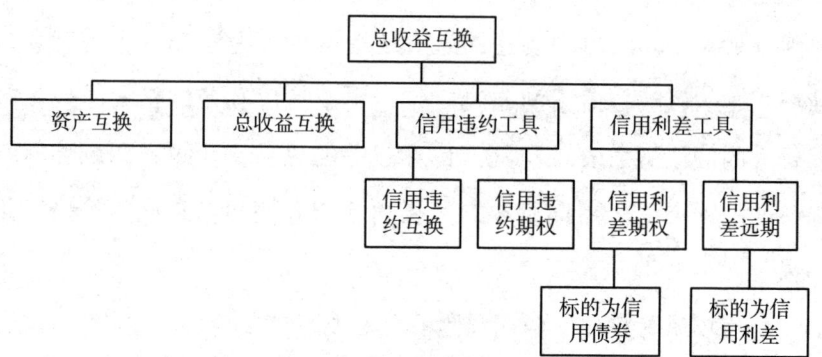

图8-1 信用衍生产品的分类

二、信用违约互换及其应用

(一) 信用违约互换的概念

信用违约互换 (Credit Default Swap，CDS) 是一种较为成熟的信用衍生品合约。在 CDS 交易中，信用保护买方向信用保护卖方支付保护费，以换取针对参考实体的信用保护。当参考实体发生双方约定的信用事件时，卖方向买方支付一定金额的补偿，故 CDS 可以被视为针对参考实体债务的信用保险。在风险承担上，CDS 卖方是信用风险交易市场的多头，CDS 买方是信用风险交易市场的空头，交易双方无须持有双方的债务。

CDS 是 1994 年摩根大通 Blythe Masters 为美国艾克森公司的 48 亿美元贷款而设计发明的。摩根大通为转移贷款的信用风险并减少资本占用，向欧洲复兴开发银行支付一定费用，由后者承担贷款的信用风险，如此三方均能得利。1996 年，美联储评估认为 CDS 可有效降低美国银行业的资本占用，正式认可信用衍生品。1999 年，国际掉期与衍生工具协会 (International Swaps and Derivatives Association，ISDA) 发布 CDS 标准合约文本和 CDS 交易结构，如图 8 - 2 所示。目前国际上大多数 CDS 的名义本金在 1000 万 ~ 2000 万美元，合约期在 1 ~ 10 年，其中 5 年期最为普遍。投资者交易 CDS 主要有对冲风险、投机和套利三种目的，相应的主要有三种交易方式和策略。

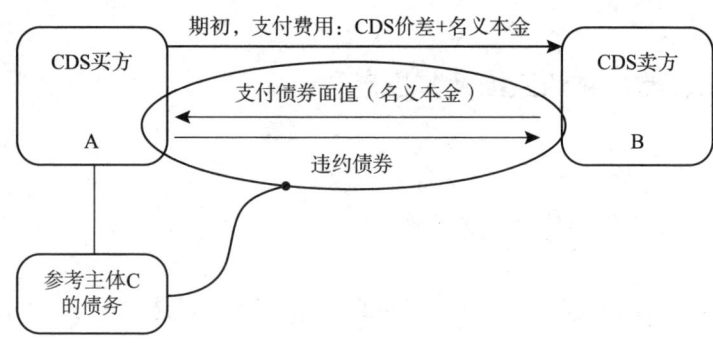

图 8 – 2　CDS 交易结构

（二）信用违约互换的构成要素

（1）交易主体。交易双方分为信用保护的买方和卖方。买方希望通过支付一定费用将信用风险转移至卖方，而信用保护的卖方提供对于潜在违约的保护，承担不属于自己资产的信用风险，并收取一定的保费。CDS 的净买方主要是商业银行和投资银行，两者合计占据近 50% 的市场份额，而净卖方一般是保险公司，对冲基金则充当流动性提供和价格发现的角色。

（2）参照实体或参照资产。参照实体可以是公司企业、金融机构或者主权国家，而参照资产是参照实体的一项或者一组债务，如债券、信用资产、抵押债务资产等。据统计，CDS 参考实体的信用等级主要以投资级为主，BBB 和 A 级的占比接近 60%，而高评级 AA 级以上和 BBB 以下的投机级的占比都不高，且非金融企业占比最高。

（3）保护期。保护期即合约对于参照资产违约与否的保护覆盖期限。需要注意的是，由于债务可能存在宽限期（为了避免由于技术性原因等带来的结算拖延），在该情况下，即使合约到期，但依然生效直至债务宽限期结束。

（4）信用事件。信用事件可以理解为没有按照合同约定及时进行支付。国际掉期与衍生工具协会（International Swaps and Derivatives Association，ISDA）明确定义了如下 8 种信用事件：①破产；②因并购产生的无法偿付；③交叉加速清偿；④交叉违约；⑤评级下调；⑥无法偿付；⑦拒绝清偿/延期偿付；⑧重组。

（5）信用违约互换利差。信用保护买方在合约期内定期支付给信用保护卖方的费用，即 CDS 的价格，称为信用违约互换利差（Spread）。利差通常用名义本金的百分比表示，可以选择前端一次性付清、季付或半年付。信用利差的确定建立在不同发行主体的评级上，是对信用衍生品定价的基础，也称风险溢价或加价。

（6）赔付交割。在参考资产发生违约事件之后，信用保护卖方将对买方做出偿付，偿付额一般由合约中的偿付条件和结算机制确定，结算机制分为实物交割和现金交割。实物交割即信用事件发生之后，CDS 买方将违约资产交付给卖方，同时卖方向买方支付 CDS 名义本金额。现金交割即计算参考资产的市场公允价值，卖方向买方支付参考资产面值与违约后市值的差价。

三、金融危机后国际信用衍生产品发展趋势

自 20 世纪 90 年代以来，信用衍生产品迅速成为国际金融市场上发展最快、最富创新意义的金融产品之一，是投资者有效管理信用风险不可或缺的重要工具，具有分散信用风险、提高资本回报率、提高基础资产流动性和金融市场效率等重要功能。

发展初期，信用衍生产品保持了平稳较快的发展势头。但从2005 年开始，欧美等发达市场的金融机构在利益驱动下，不断开发出结构复杂、杠杆率很高的产品，使信用衍生产品发展逐步脱离实体经济，导致市场投机过度，在缺乏有效监管的情况下，最终酿成危机。国际金融危机后，在肯定信用衍生产品正面作用的同时，针对暴露出的问题和缺陷，各国监管当局和市场相关方面对信用衍生产品市场进行了一系列改革和调整。

相较于危机前，国际信用衍生产品发展呈现为如下趋势。一是全球 CDS 市场规模呈现逐年下降趋势。根据国际清算银行数据，截至 2017 年 6 月 30 日，全球 CDS 合约未到期名义本金额约为 8 万亿美元，占全部场外衍生品名义本金的 51%，相较于金融危机之前最高的 20 万亿美元，下降近六成，如图 8 - 3 所示；二是单一参考实体提供保护的单名 CDS（Single-name CDS）和多名 CDS（Multi-name CDS）中的指数产品不断上升并稳定在 50% 左右，逐渐占据主导地位，如图 8 - 4 所示；三是金融监管部门相继发布"大爆炸"和"小爆炸"协定书①，设计标准化交易合约，加强信息披露力度，大力推进中央清算机制安排；五是信用衍生产品合约结构趋于简单和标准化，并向风险管理工具的基本功能回归。可以说，国际金融危机的爆发并没有改变信用衍生产品中金融工具的本质属性，欧美等发达市场表现出来的主要问题是盲目创新与监管缺位。实际上，正是由于信用违约互换等信用衍生产品的存在，危机的影响才不至于集中在商业银行体系内部爆发，否则可能会导致金融体系特别是银行的更大灾难。

---

① 国际掉期与衍生工具协会（ISDA）2014 年最新制定的信用衍生定义文件。

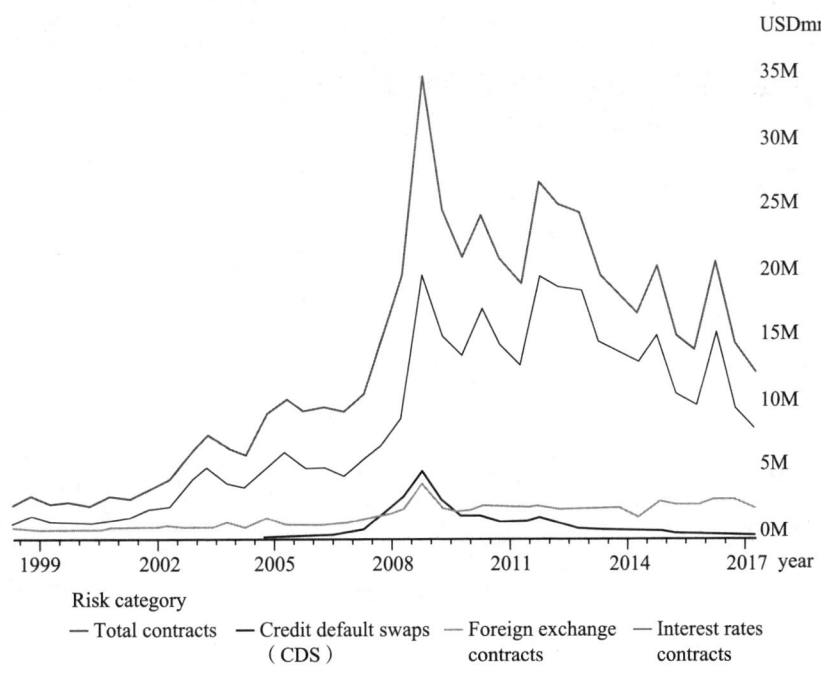

图 8 - 3　场外衍生品名义本金

资料来源：国际清算银行（BIS）。

Credit default swaps[1]

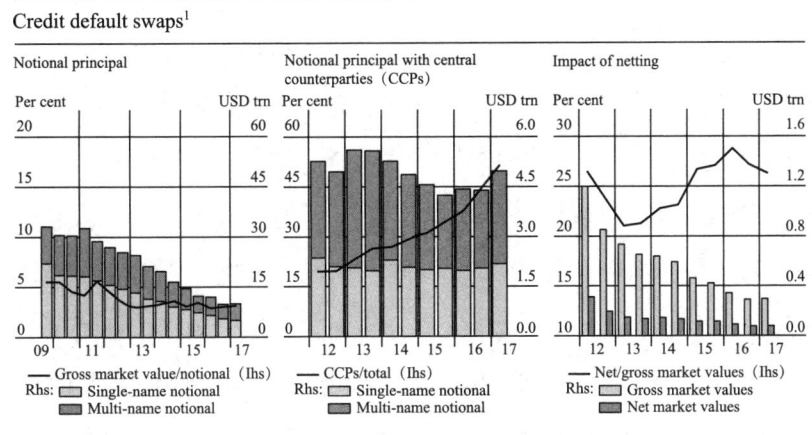

图 8 - 4　场外衍生品主要趋势

资料来源：国际清算银行（BIS）。

四、我国信用衍生产品的积极探索

2007 年，我国开始探索发展信用衍生产品市场，银监会于 2008 年发布《商业银行信用风险缓释监管资本计量指引》，银行间交易商协会于 2009 年发布的《NAFMII 主协议》，均对信用衍生产品有所涉及。2010 年 10 月，《银行间市场信用风险缓释工具试点业务指引》正式发布，标志着中国版 CDS 的雏形——信用风险缓释工具（CRM）的正式推出。CRM 推出当年即完成 31 只共计 26.8 亿元的合约交易。此后市场发展低于预期，除 2011 年和 2012 年分别新增 11 笔和 13 笔交易外，2013 年后再无发展。其主要原因在于债券市场刚性兑付在 2014 年才被打破，之前市场主体对于信用风险分散没有产生实质性的需求。对商业银行而言，由于信用风险缓释工具的资本缓释功能微乎其微，导致其参与热情不高。

2016 年 9 月 23 日，银行间市场交易商协会再次发布中国版 CDS 系列业务规则，推出信用风险缓释合约（CRMA）、信用风险缓释凭证（CRMW）、信用违约互换（CDS）和信用联结票据（CLN）四类信用风险缓释工具，其中 CRMA 和 CRMW 以单项债务作为参照实体，CDS 和 CLN 以主体（包括但不限于企业、公司、合伙、主权国家或国际多边机构）作为参照实体，规避的是主体的信用类风险，如表 8 - 1 所示。相比 2010 年的业务指引，此次规则不仅新增了 CDS 和 CLN 两项新产品，同时还放宽了市场准入门槛，简化了创设过程，取消了专家会议流程，将创设登记制度修改为创设备案制度。

表 8-1   中国银行间交易商协会四类信用风险缓释工具

产品	信用风险缓释合约（CRMA）	信用风险缓释凭证（CRMW）	信用联结票据（CLN）	信用违约互换（CDS）
参照实体	单项债务	单项债务	主体	主体
类别	合约类	凭证类	凭证类	合约类
推出时间	2010 年 10 月	2010 年 10 月	2016 年 9 月	2016 年 9 月
参与者	参与者应向交易商协会备案成为核心交易商或一般交易商，其中核心交易商可与所有参与者进行信用风险缓释工具交易，一般交易商只能与核心交易商进行信用风险缓释工具交易。核心交易商包括金融机构、合格信用增进机构等。一般交易商包括非法人产品和其他非金融机构等			
创设备案	对卖方没有要求，产品发行无备案要求	创设机构较严格准入条件（核心交易商，且净资产不少于 40 亿元），产品发行备案	创设机构较严格准入条件（核心交易商，且净资产不少于 40 亿元），产品发行备案	对卖方没有要求，产品发行无备案要求
整体限制	核心交易商的信用风险缓释工具净卖出总余额不得超过其净资产的 500%；一般交易商的信用风险缓释工具净卖出总余额不得超过其相关产品规模或净资产的 100%			
产品买卖限制	净买入或净卖出余额不得超过标的债务总余额的 100%	买入或卖出余额不得超过标的债务总余额的 100%，且创设总规模不得超过该标的债务总余额的 500%	没有具体限制	没有具体限制
受保护债务范围	没有具体限定（贷款或者其他债务均可）		非金融企业参考实体的债务种类限定在交易商协会注册发行的非金融企业债务融资工具	

资料来源：中国银行间交易商协会（NAFMII）。

总体来看，我国信用衍生产品还处于初期阶段，发展过程中还存在如下问题：一是参与者结构单一，风险仍集中于商业银行，而证券公司、保险公司及对冲基金等风险偏好较高的投资者还没有被允许参与；二是缺乏做市商机制，二级市场流动性不足；三是市场主体对信用衍生品的定价和风控体系不完善；四是参考实体范围较为有限，仅为银行间市场债务融资工具，而对公司债、企业债等其他公司信用类债券则无法进行信用保护。

第二节　发展创新创业公司债券信用风险管理工具

一、必要性分析

（一）提供市场化信用风险管理工具

随着公司债券市场的持续扩容，违约公司债券数量将逐步增加，相较于其他信用债券，创新创业公司债券的风险更高。如何转移和分散信用风险，是各类机构投资者普遍关心的问题。信用风险管理工具具有转移信用风险的功能，能够在事前分散风险；该工具价格反映了参考实体的信用风险水平，能够在事中预警风险；该工具合约具有完备的信用事件认定和违约偿付机制，能够在事后处置风险。因此，发展信用风险管理工具能够满足机构投资者管理信用风险的迫切需求，有助于构建完善的信用债券市场风险管理体系。

（二）降低创新创业公司增信成本

发展创新创业信用风险管理工具，能够有效转移和分散创新创业公司债券的信用风险，为投资者提供风险保护，从而提高创新创业公司债券的发行成功率，提高创新创业公司的融资能力。同时，证券公司可以充分利用作为承销商的信息优势和定价能力，为创新创业公司卖出相应的信用保险，将证券公司的信用内嵌在发行人的信用中，为发行人提供增信支持，有效降低发行人因信息不对称而产生的增信成本。

（三）健全创新创业公司债券风险定价机制

我国信用债券市场尚未建立完善的信用风险管理体系，这导致刚性兑付成为债券发行人及相关方处置信用违约事件的唯一手段。而刚性兑付反过来扭曲了债券发行人和投资者的行为模式，增加了发行人的融资需求和投资者的风险偏好，导致信用债券的价格不能准确反映发行人的信用风险水平。发展创新创业公司债券信用风险管理工具，能够为参与各方提供市场化的信用违约处置手段，有助于打破刚性兑付，消除创新创业公司债券市场定价扭曲的现象，健全创新创业公司债券的市场风险定价机制，更好地发挥债券市场配置金融资源的功能。

（四）优化创新创业公司债券投资者结构

经验表明，信用风险管理工具的发展和投资者风险偏好的分化是相互促进的。因此，发展创新创业公司债券信用风险管理工具可以满足银行、保险等风险偏好较低投资人的配置型需求，也可以满足证券公司、基金等风险偏好较高投资人的交易型需求，从而吸引不同风险偏好的投资者进入创新创业公司债券市场，优化创新创业公司债券的市场投资者结构。

（五）拓宽证券公司业务范围

普通机构投资者的风险承受能力较弱、违约处置能力欠缺，而证券公司、保险公司等专业金融机构有雄厚的财力、充足的人力、丰富的经验，能够在一定程度上承担信用风险，应对标的资产违约时的法律诉讼、债务追讨、资产拍卖等一系列问题，降低违约损失率。一般情况下，这些机构出售信用风险管理工具获得的收入大于其承担违约损失所付出的成本，因而获得承担信用风险的相应回报。同时，证券公司业务范围也在日益多元化，其信用风险评判和承担能力增强，对投资信用衍生产品、获取信用风险价差收益也具有很强的需求。

二、四种方案设计

（一）捆绑式信用风险管理工具

该方案与银行间的信用风险缓释合约（CRMA）类似，将信用风险管理工具与受保护的创新创业公司债券（或称标的债券）同时捆绑发行、上市交易、清算和结算，将信用风险管理工具作为标的债券的增信手段，类似有担保的债券。主要特点包括：（1）信用风险管理工具与标的债券捆绑发行交易；（2）信用风险管理工具的发行数量与债券一致；（3）保护单一债券，不保护发债实体；（4）实物交割，违约的可交割债务是标的债券。信用风险管理工具的买方将标的债券返给信用风险管理工具卖方，并收取由卖方支付的违约损失；（5）卖方主要是标的债券承销商。

该方案的优势，一是信用风险管理工具的发行交易、登记结算比照有担保的债券执行，可充分利用现有的发行登记、交易结算和信息披露等方面的基础设施，业务准备较为简单，技术系统改进较少，推出难度小；二是债券承销商（主要是证券公司）发行信用风险管理工具，规避了证券公司不能为其承销公司债券担保的政策限制，为证券公司打开了新的业务渠道；三是将债券承销商的信用内嵌在债券发行人信用中，有助于降低发行人与投资者之间的信息不对称性，有利于创新企业和中小企业进行债券融资。但是，本质上该方案仍是一种增信措施，并非是信用衍生工具，信用风险得不到市场化定价，难以形成市场化的信用风险转让市场，市场意义和创新价值不显著。

（二）分离式不可创设信用风险管理工具

分离式不可创设信用风险管理工具是指标的债券与信用风险管理工具同步发行、登记，并分开上市、交易以及清算交收。该方案也是保护单一债券，不保护发债实体，违约的交割债券为标的债券，工具发行数量与标的债券一致，与上述第一种方案的差别主要是：（1）工具与标的债券分开发行、上市交易；（2）工具卖方可以多元化，不再局限于承销商。

由于信用风险管理工具分开定价和交易，具备信用风险市场化定价功能，且工具数量锁定，不会引发不可控的投机行为，能够有效防范市场过度投机和炒作行为，比较符合监管需求。但是也存在以下问题：一是需要建立信用风险管理工具发行登记、上市交易、信息披露和清算结算等一系列配套业务制度和基础设施，需大量的人力、物力投入，推出难度较大。二是该工具是综合考虑境外成熟市场信用违约互换产品特征和我国现实情况的结果，类同于银行间交易商协会推出的信用风险缓释凭证，离真正意义的信用风险管理工具存在较大差距。由于我国债券市场高度分割，信用风险管理工具保护的是单一债券，而不保护实体，我国市场投机气氛较浓也限制了产品创设。三是工具买方不一定持有债券，当债券出现违约时，标的债券因供不应求可能会抵补债券违约的价值下降，债券价格信号因此可能失真。

（三）分离式可创设信用风险管理工具

分离式可创设信用风险管理工具是指信用风险管理工具与参考债券完全独立，工具卖方根据参考实体的违约情况，发行销售工具并上市交易。与上述第二种方案相比，该方案具有以下特点：（1）债券与工具的独立性进一步增强。市场上存在的任何债券都可独立创设工具，工具自身可形成独立的交易市场。（2）工具数量可不受限于参考债券的数量，即可创设，但创设比例可作限制。（3）不再对单一标的债券而是对发行实体进行保护，类似于交叉违约条款。（4）除实物结算之外，还可现金结算。如果是实物结算，买方将不低于参考债券信用等级的债券返给工具卖方，并收取由卖方支付的违约损失。该方案具备了真正意义的信用违约互换的特征,信用风险市场化定价功能强,但工具市场不可控的投机和市场炒作行为是潜在的最大问题。

(四)指数型信用风险管理工具

指数型信用风险管理工具是指由信用风险管理工具的卖方,事先约定好"一篮子"债券(或某债券指数中的全部成分债券),在约定时期内向信用保护买方提供信用保护的金融合约。与前三个方案不同,该方案保护的不是一个债券发行人,而是债券指数中多个债券发行人。该方案的原理和机制设计基本等同于上述第三种方案,也是国际上通行的指数型 CDS 合约,具有以下的优势:一是包含多个参考实体,允许投资者承担足够多的信用风险头寸暴露;二是为对冲者提供看空整个信用市场的机会,为投资者持有的现券进行对冲;三是交易成本较小,能够对信用暴露进行杠杆交易。

(五)四种方案的比较

从信用违约互换的特性来看,第一种方案是增信措施,不具备违约互换的特性,第二种方案是第三种方案的过渡性产品,第三种和第四种方案都具备成熟市场违约互换产品的特性。从风险可控程度来看,第一种方案的风险较为可控,第二种方案和第四种方案次之,第三种方案较差。从难易程度来看,第一种方案由于各项业务技术变动较小,容易推出,第二种方案次之,第三种和第四种方案因为涉及交叉违约条款、跨部门监管协调等问题,推出难度较大。

INNOVATION
ENTREPRENEURSHIP

第九章
我国证券公司创新创业公司
债券业务实践

不闻不若闻之，闻之不若见之，见之不若知之，
知之不若行之。

——战国·荀况

资本市场应从战略高度重视创新创业公司发展，将服务创新创业公司作为行业发展战略的重要组成部分。证券公司在业务规划、组织架构和经营策略上，要积极营造适合开展创新创业公司债券业务的内外部环境。

第一节　业　务　规　划

一、加强创新创业公司的理论研究和市场调研

　　创新创业公司与证券公司传统的发债客户特性有所不同，主要为民营企业，规模小、成长快、业务波动相对较大，土地房产等可抵质押资产较少，无评级或评级较低，具有行业新、技术新和模式新等特性，需要证券公司的业务人员具备丰富的专业知识和判断。同时，创新创业公司债券与普通公司债券相比，具有发行规模小、条款复杂、高风险、高收益的特性，需要业务人员具备更高的业务素质和风控水平。证券公司应加强对创新创业公司的理论研究和市

场调研，制定适合公司实际发展情况的战略目标和经营策略，打造创新创业公司债券专业发行队伍，明确创新创业公司营销策略和市场定位，通过储备和培育将创新创业公司转化为目标客户群体。

二、积极参与创新创业公司债券试点

我国推出创新创业公司债券的时间不长，总体来看证券公司开展创新创业公司债券还处于起步阶段，虽然已有多家证券公司积极参与创新创业公司债券试点，但落地项目少，发行总规模小。面对这一崭新的业务领域，证券公司应积极参与创新创业公司债券业务的前期试点，参与中国证监会、沪、深交易所等相关规则文件的制定和完善，抢占市场先机，提升市场影响力。同时将发展创新创业公司债券与公司市场营销策略、产品策略、投资策略相结合，加强投行业务、投资业务、资管业务等各业务条线对创新创业公司债券业务的协作支持。

三、努力营造创新创业公司债券发展的"生态圈"

证券公司作为创新创业公司债券的主承销商，应努力从行业层面培养和营造适合创新创业公司债券发展的"生态圈"，形成"发行人愿意发、投资者愿意买、中介机构愿意服务"的良好环境。一要与地方政府、国家高新区管委会等相关政府部门主动沟通与交流，为发债企业争取更多的成本补偿，为承销机构争取足够的承销费奖励；二是加强与银行、保险、产业基金、PE/VC 等投资主体的合作，提高其对创新创业公司债券的认购积极性；三是深化与政府产业基金、商业银行投贷联动基金、创投机构等的战略合作，培育创新创业公司债券发行主体；四是加强与担保公司、评估公司、律师事务所和会计师事务所的业务合作和信息共享，逐步拓展抵押品范围，提高创新创业公司债券业务合作效率。

第二节 组 织 架 构

一、成立创新融资部

证券公司可成立创新融资部作为债券承销部的二级部门，专人专岗负责包括创新创业公司债券、可交换债券、可转换债券和资产证券化等在内的债券创新品种的推进，制定和实施创新创业公司债券具体发展方案。各分支机构、营业部可根据各自条件，指定专人负责创新融资项目对接，充分发挥业务协同效应和规模效应。

二、建立跨部门协作机制

目前，创新创业公司债券的发行主体主要以新三板挂牌公司、上市公司为主，创新创业可转换公司债券的发行主体为新三板创新层公司和符合条件的非上市非挂牌创新创业公司。新三板企业和上市公司是新三板承销部、投资银行部等部门的客户群体，与创新创业公司债券部门存在着客户交叉。证券公司可以在公司层面成立创新创业公司债券工作小组，建立包括债券承销部、新三板承销部、投资银行部、基金子公司、创投子公司等在内的跨部门合作机制，增强部门之间的协同配合，提升服务创新创业公司债券的服务水平。此外，证券公司可设立专门的产品或基金，参与投资创新创业公司债券，增强投资者信心，带动更多投资机构参与。

三、完善考核机制

证券公司应制定和完善创新创业公司债券考核办法，研究制定从单纯的收入考核转变为统筹考虑创新创业公司债券行业排名、发行单数、发行规模和获得荣誉等在内的综合考核，给予业务部门和项目负责人单独奖励或加大考核系数权重，将创新创业公司债券承销业绩纳入部门和员工社会责任评价内容，并适当提高对违约率的容忍度。

四、积极探索业务盈利模式

由于创新创业公司债券发行规模一般较小，单纯按照传统的收取固定比例承销费的方式，对证券公司营收和盈利的贡献较小，项目实施过程中来自各方面的阻力就比较大。证券公司作为自负盈亏的经营主体，需要可持续发展的盈利模式，因此需改变单纯收取固定比例承销费的模式。建议可采取按固定收费、承销费加合理的托管费、投行、固收和投资等"一揽子"综合业务服务收费，争取地方政府给予承销费补偿或税收减免等多种方式，逐渐实现创新创业公司债券业务收支平衡和适当盈利。

第三节　业务操作

一、业务管理

创新创业公司债券的发行主体多为产业类企业，和普通的城投企业相比无地方政府和国有股东背景，行业波动较大，收入和利润来源主要依赖自身，有其特殊的风险关注点。证券公司应建立创新创业公司债券的完整业务流程和内部评分指标体系，制定创新创业公司债券发行审核企业内部标准。

在项目尽调阶段，应加强实地走访和调研，重点加强公司实际控制人、上下游客户、政府公共部门等关键领域的尽调，充分掌握企业的全面信息。在产品设计阶段，应充分揭示风险，增加多种增信措施，设计多重保障机制，加强投资者保护。在项目评审阶段，指定专人负责质量控制和项目评审，加强创新创业公司债券项目前端把关，提高风险识别能力。在存续期管理中，要持续跟踪和督导存续期债券信用状况变化，提高走访频率，加强对存续期项目风险的主动管理。

二、业务流程

证券公司从事创新创业公司债券承销业务与普通的公司债券承销业务流程基本一致，前期基本流程包括方案设计、项目立项、材料制作、质控审核、内核审核及材料申报等一级子流程（见图9-1），取得批文之后进行发行，进入存续期管理，最后整个债券兑付兑息之后，所有文件归档，业务流程完成。

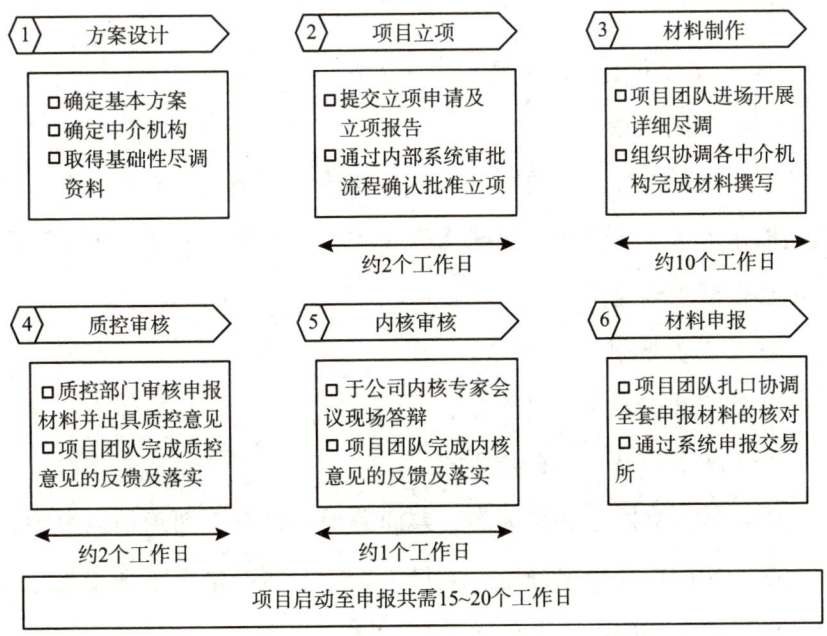

图9-1 证券公司创新创业公司债券业务流程

（一）承揽与方案设计

与其他债券相比，创新创业公司债券的项目承揽更注重承揽人员的专业性，承揽人员一般通过各地金融办及公司场外业务部、投行部等部门推荐，获取项目来源。主承销商应当与创新创业公司债券的发行人签订承销协议，在承销协议中界定双方的权利义务关系，约定明确的承销基数。采用包销方式的，应当明确包销责任。

创新创业公司债券发行方案（简要模板）：

（1）债券名称：××股份有限公司非公开发行××年创新创业公司债券。

（2）发行主体：××股份有限公司。

（3）发行规模。

本次发行债券票面总额不超过人民币××万元，具体发行规模提请股东大会授权董事会根据公司资金需求情况和发行时市场情况，在前述范围内确定。

（4）债券期限。

本期债券期限为不超过×年。

（5）发行利率及其确定方式。

本期债券为固定利率债券，票面利率由发行人和承销商根据询价结果，按照市场情况确定，但最终确定的债券票面年利率不超过××%。债券利率在债券存续期内不变。

（6）计息方式。

附息式固定利率，单利按年计息，逾期不另计利息。

（7）还本付息方式。

按年付息，到期一次兑付本金，最后一期的利息随本金的兑付一起支付。

（8）债券形式。

本期债券采用实名制记账方式发行，由中国证券登记结算有限责任公司提供登记和结算服务。

（9）发行价格。

本期债券面值100元，平价发行。

（10）发行方式。

本期债券拟向具备相应风险识别和承担能力且符合《公司债券发行与交易管理办法》的合格投资者非公开发行，发行对象不超过200人。本期债券可以采取一次发行或分期发行。具体发行方式提请股东大会授权董事会根据市场情况和公司资金需求情况确定。

（11）发行对象的范围和条件。

本期债券面向合格投资者以及发行人董事、监事、高级管理人员和持股比例超过5%的股东发行。

（12）本息兑付方式。

通过本期债券相关登记托管机构办理。

（13）承销方式。

承销商代销。

（14）承销商：××证券股份有限公司。

（15）募集资金用途。

本期债券募集资金将全部用于补充公司流动资金和调整公司债务结构（包括但不限于偿还银行贷款），具体用途根据公司资金需求情况和公司财务结构确定。

（16）担保事项。

是否采用担保及具体的担保方式提请股东大会授权董事会根据相关规定及市场情况确定。

（17）赎回条款及回售条款。

本期债券是否设计赎回条款或回售条款及相关条款具体内容提请股东大会授权董事会根据相关规定及市场情况确定。

（18）偿债保障措施。

1）公司将为本次债券发行设立由受托管理人监管的偿债保障金专户和募集资金专户，两者可为同一账户，均须独立于发行人的其他账户，分别用于兑息、兑付资金归集和募集资金接收、存储及划转，不得挪作他用；2）当出现预计不能按时偿付本次债券本息或者到期未能偿付本次债券本息时，公司将至少采取如下措施：不向股东分配利润；暂缓重大对外投资、收购兼并等资本性支出项目的实施；调停或者停发董事和高级管理人员的工资和奖金；主要责任人不得调离。

（19）有效期限。

本期债券发行方案的有效期为债券发行方案提交公司股东大会审议通过之日起 12 个月。

（20）含转股条款。

若本期创新创业公司债券为可转换为发行人股份的债券，则在前述创新创业公司债券发行方案中应增加"可转股条款"，具体条款内容如下：

1）转股价格：本期可转债发行时的初始转股价格为××元/股，

转股价格以发行人最近一期期末经审计的账面净资产的一定倍数或同期融资价格的一定倍数中孰高者作为参照。当发行人发生送红股、增发新股或配股、派息等情况时，将提请股东大会授权董事会根据拟定的公式对转股价格进行调整。

2）价格修正条款：本期可转债的转股价设置价格向下的修正条款。即当股票价格低于转股价格达到××%的比例并持续超过××个交易日时，发行人可以对转股价格进行特别向下修正，重新议定转股价格。

3）转股股数：可转股的股份数量 = 可转债票面总金额/转股价格。股份数量取整数，不足 1 股的部分，将在转股后的 5 个交易日内以现金兑付票面金额及利息。

4）转股期限和转股方式：本期创新创业可转换公司债券的转股期为自可转债发行结束之日满 6 个月后的第一个交易日起至可转债到期日止。债券持有人可以选择在前述转股期间内的任一交易日转股，也可以选择在前述转股期内的特定交易日转股。

5）有条件回售条款：可转换债券持有人在转股申报期满后 10 个交易日内（有条件回售申报期），可选择要求公司按债券面值加上应计未支付利息，并额外增加利息补偿赎回全部或部分未转股的可转换债券，回售部分债券对应的当期利息不另计补偿。

6）附加回售条款：若本次发行的公司债券募集资金使用情况与发行人在募集说明书中的承诺情况相比出现重大变化，且该变化被监管机构认定为未经过履行相应法定决策程序而改变募集资金用途的，本次债券持有人享有一次附加回售的权利。

（二）项目立项

证券公司开展创新创业公司债券业务，应有内部独立的立项标准。创新创业公司债券项目需根据有关政策文件进行判断论证，论证发行人是否属于创新创业公司。同时，在立项之前应落实有效增信，项目立项一般要求原则上需提供 AA 及以上国有担保公司担保，或者由综合实力较强的法人机构（资信评级在 AA 以上）提供担保，发行人还应满足合规性和持续经营的要求。

证券公司应根据有关规则和内控制度，针对创新创业公司债券制定业务准入的标准，并根据内外部经营环境对准入标准实行动态调整。

1. 创新创业公司论证

发行人发行创新创业公司债券，应就发行人创新创业特征作专项披露。项目组应依据以下规范性文件进行审慎筛查，就发行人是否具有创新创业特征发表明确意见：

（1）国家战略性新兴产业相关发展规划；

（2）《国务院关于印发〈中国制造 2025〉的通知》及相关政策文件；

（3）国务院及相关部委出台的大众创业万众创新政策文件；

（4）国家及地方高新技术企业认定标准；

（5）其他创新创业相关政策文件。

2. 重点支持对象

（1）注册或主要经营地在国家"双创"示范基地、全面创新改革试验区、国家综合配套改革试验区、国家高新技术产业园区和国家自主创新示范区等创新创业资源集聚区域内的 A 股上市公司和创业投资公司；

（2）已纳入全国中小企业股份转让系统（新三板）创新层的挂牌公司。

3. 资信及评级要求

（1）创新创业公司发行创新创业公司债券，应落实有效增信。原则上需提供 AA 及以上国有担保公司担保，或者由综合实力较强的法人机构（资信评级在 AA 以上）提供担保；

（2）发行人不存在债务违约或失信被执行情况，不存在重大业务违约情况；

（3）发行人控股股东、实际控制人不存在债务违约或失信被执行情况。

4. 发行人合规经营要求

（1）发行人法人治理及组织架构完善，内部控制健全；

（2）近一年及一期不存在为关联方违规提供担保情况或被关联方违规占用资金情况；

（3）发行人与控股股东、实际控制人在人员、资产、财务、机构、业务方面相对独立；

（4）发行人董事、监事、高级管理人员能够勤勉履行职务。

5. 业务发展持续性要求

（1）发行人最近两年连续盈利；

（2）发行人业务和盈利来源相对稳定，主要产品或服务的市场前景良好，行业经营环境和市场需求不存在现实或可预见的重大不利变化；

（3）公司高级管理人员和核心技术人员稳定，最近 12 个月内未发生重大不利变化；

（4）公司重要资产、核心技术或其他重大权益的取得合法，能够持续使用，不存在现实或可预见的重大不利变化；

（5）不存在可能严重影响公司持续经营的担保、诉讼、仲裁或其他重大事项。

6. 不得发行情况

（1）最近 24 个月内财务会计文件存在虚假记载，或存在其他重大违法行为；

（2）对已发行的公司债券或者其他债务有违约或者延迟支付本息的事实，仍处于持续状态；

（3）最近两年财务报表被注册会计师出具保留意见、否定意见或无法表示意见的审计报告；

（4）擅自改变前次发行债券募集资金的用途而未作纠正；

（5）公司及其控股股东、实际控制人、董事、监事和高级管理人员在最近 12 个月被沪、深交易所、全国中小企业股份转让系统出具警示函等自律监管措施或纪律处分措施；

（6）公司及其控股股东、实际控制人、董事、监事和高级管理人员违反证券法律、行政法规或规章，受到中国证监会的行政处罚或受到刑事处罚；或最近 12 个月内因公司治理等行为被中国证监会及其派出机构采取行政监管措施或者被行政处罚，或者正在接受立案调查，尚未有明确结论意见；

（7）公司违反工商、税收、土地、环保、海关法律、行政法规或规章，受到行政处罚且情节严重，或者受到刑事处罚；

（8）新三板挂牌后资金占用发生额累计超过 1000 万元（含）；

（9）新三板挂牌存续期间出现重大信披违规或其他风险事项。

（三）材料制作与尽职调查

创新创业公司债券的尽职调查是指创新创业公司债券承销业务项目组人员勤勉尽责地对创新创业公司债券业务的发行人、业务相关主体进行调查，以了解发行人及相关主体经营情况、财务状况和偿债能力，并有合理理由确信募集文件真实、准确、完整，核查募集文件中与发行条件相关的内容是否符合有关部门颁布的相关法律法规及部门规章规定的过程。

创新创业公司债券尽职调查的主要内容包括但不限于：

（1）发行人基本情况；

（2）发行人履行规定的内部决策程序情况；

（3）募集文件中与发行条件相关的内容；

（4）发行人及本期债券的资信状况；

（5）财务会计信息；

（6）募集资金运用；

（7）增信机制、偿债计划及其他保障措施；

（8）发行人存在的主要风险；

（9）利害关系；

（10）在承销业务中涉及的、可能影响发行人偿债能力的其他重大事项。

尽职调查工作完成后，创新创业公司债券的承销人员应当撰写有关尽职调查报告，并整理尽职调查工作底稿，工作底稿应当真实、准确、完整地反映项目的尽职调查工作。

（四）项目质量控制

证券公司创新创业公司债券的质量控制一般由项目组、质量控制部和公司债券内核小组三级审核体系组成。

创新创业公司债券项目负责人对项目质量和风险负首要责任。项目组应在日常工作中严格遵守公司及债券承销部各项管理制度和业务流程，提高风险合规意识，自觉积极地进行项目质量控制。

质量控制部主要职责为：

（1）对创新创业公司债券承销项目是否符合公司立项标准进行审查；

（2）对创新创业公司债券承销项目尽职调查执行情况及申报材料编写是否符合行业监管部门标准及公司内部标准进行质量审查及检查；

（3）对创新创业公司债券承销项目业务风险进行合理判断及提示。

（五）内部审核

证券公司一般设立公司债券发行内核小组，对已通过质量控制审核的材料以内核会形式进行再次审核。内核小组是质量控制的第三道防线，负责对创新创业公司债券项目质量进行最终把关。

（六）材料申报与审核

以上海证券交易所为例，证券公司创新创业公司债券申报与审核流程如图9-2所示。

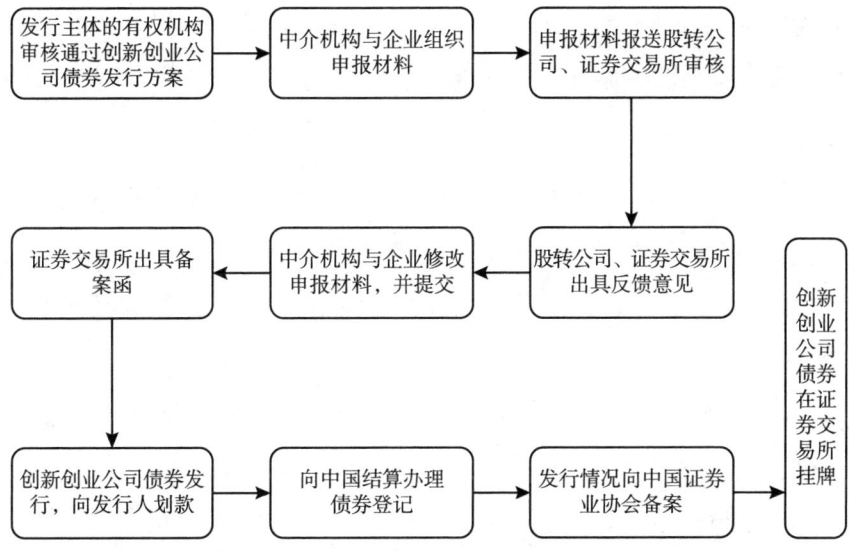

图 9 – 2　证券公司创新创业公司债券申报审核流程

证券公司创新创业公司债券向上海证券交易所申报需要提交如下材料：

（1）募集说明书（申报稿）；

（2）募集说明书摘要；

（3）发行人关于本次公司债券发行的申请；

（4）发行人关于本次公司债券挂牌转让的申请；

（5）发行人有权机构关于本次公开发行公司债券发行事项的决议并附公司章程及营业执照副本复印件；

（6）主承销商核查意见（需要对创新创业公司进行专项核查）；

（7）发行人律师出具的法律意见书；

（8）发行人应当提供最近三年的财务报告及其审计报告（非公开发行为两年）；

（9）发行人有权机构关于非标准无保留意见审计报告的补充意见、会计师事务所及注册会计师关于非标准无保留意见审计报告的补充意见（如有）；

（10）本次公司债券发行募集资金使用的有关文件（如有）；

（11）债券受托管理协议和债券持有人会议规则；

（12）资信评级机构为本次发行公司债券出具的资信评级报告（如有）；

（13）发行人发行公司债券的担保合同、担保函、担保人就提供担保获得的授权文件（如有）；担保财产的资产评估文件（如为抵押或质押担保中需要评估的抵押或质押品）；

（14）担保人最近一年的财务报告（并注明是否经审计）及最近一期的财务报告或会计报表（如有）；

（15）特定行业主管部门出具的监管意见书（如有）；

（16）发行人全体董事、监事和高管对发行申请文件真实性、准确性和完整性的承诺书；

（17）发行人与主承销商关于电子版申请文件与书面文件一致的承诺函；

（18）上海证券交易所要求的其他文件。

（七）承销发行

创新创业公司债券可以采用网上定价发行、网下询价配售以及网上网下相结合的方式。公开发行创新创业公司债券的价格或利率应采取询价方式确定，并与发行人协商确定发行价格或利率区间，以簿记建档方式确定最终发行价格或利率。采取簿记建档形式发行的，销售人员确认持有人名册无误后随簿记建档材料一并移交至项目组，以便后续办理登记上市及归档。公开发行债券，证券公司的销售交易部及项目组有关人员应当和发行人协商确定公开发行的定价与配售方案并予以公告，明确利率或价格确定原则、配售规则和发行定价流程等内容。非公开发行的创新创业公司债券的定价发行方式，由证券公司的销售交易部、项目组和创新创业公司债券发行人协商确定。

（八）项目存续期管理

项目组应在创新创业公司债券存续期内督导发行人履行信息披露义务。披露的信息包括但不限于半年报、年报、重大事项等。证券公司担任受托管理人的创新创业公司债券项目，对于发生影响债券持有人权益的重大事项，项目组应协助发行人披露临时报告，并对重大事项影响做合理判断，出具临时受托管理事务报告。

第四节　风险控制

相比传统的城投企业和实力较强的国有企业，创新创业公司债券的发行主体信用风险相对较大，其行业波动较大，财务状况的稳健性相对较差，且存在着民营企业、个人股东的治理问题及道德风险，除了一般的尽职调查、内部控制等常规风险管理手段以外，创新创业公司债券还需要通过如下手段和方法加强风险管理。

一、制定筛选标准

证券公司可以通过完善创新创业公司债券的业务流程和内部评分指标体系，制定创新创业公司债券发行审核内部标准，制定创新创业公司债券的正面清单和负面清单，严把项目立项质量。试点初期，为控制风险，可以筛选作为主办券商的新三板企业，并建立债券承销部门和新三板承销部门之间的分工协作机制，筛选优质项目进行试点，从源头上控制风险。在项目评审阶段，指定专人负责质量控制和项目评审，加强创新创业公司债券的项目前端把关，提高风险识别能力。

证券公司可以通过设定一定的财务指标条件，对创新创业公司债券的发行主体进行筛选，如可以参考如下财务指标设置使得60%以上的上市公司和30%左右的新三板公司符合创新创业公司债券优选条件：

（一）上市公司优选财务指标

（1）最近一期经审计的净资产不低于10亿元；

（2）最近一交易日总市值不低于40亿元；

（3）最近两年经审计平均营业收入不低于5亿元；

（4）最近两年经审计的平均净利润不低于4000万元；

（5）最近两年经审计的平均加权净资产收益率（ROE）不低于6%；

（6）最近一期经审计的资产负债率不超过60%；

（7）最近一期经审计的利息保障倍数不低于4倍。

（二）新三板挂牌公司优选财务指标

（1）最近一期经审计的净资产不低于1亿元；

（2）最近两年经审计平均营业收入不低于4000万元；

（3）最近两年经审计的平均净利润不低于1200万元；

（4）最近两年经审计的平均加权净资产收益率（ROE）不低于6%；

（5）最近一期经审计的资产负债率不超过50%；

（6）最近一期经审计的利息保障倍数不低于4倍。

二、拓宽增信方式和手段

证券公司在创新创业公司债券条款设计时，一是可以引入市场化担保公司，与主体评级在 AA 级及以上的国有担保公司建立合作机制，各方信息共享，要求担保落实之后再进行项目的实质推动；二是可以将房产抵押、大股东或实际控制人担保作为辅助增信措施；三是可以将发行人依法享有的知识产权、股权和商标专用权等无形资产质押作为债券担保措施，证券公司在选择无形资产质押的债券增信时，要从该项无形资产的合法性、有效性、完整性、权属清晰性、经济价值、市场交易可行性等方面做出综合评估，必要时可听取中介机构、外部专家等提供的专业意见；四是可以引入大股东或实际控制人反担保和增加股权优先认购权等创新措施，增加创新创业公司债券的增信保障。

三、建立风险预警机制

建立创新创业公司债券的风险预警和风险处置机制非常重要，一旦出现公司财务状况恶化、公司管理层冲突等重大风险事件，应及时做好风险预警，证券公司作为受托管理人要提早介入，协调安排偿债资金。当出现不能按时兑付兑息或不能全额兑付兑息的情形，应立即启动风险处置机制，通过冻结发行人银行账户、抵质押资产，落实增信，限制主要责任人不得离职等方式，落实偿债资金，最大限度地维护债券持有人的利益，降低创新创业公司债券信用风险。

四、发展信用风险管理工具

信用风险管理工具为投资者提供了一份"保险",一旦发行人出现违约或者其他约定的信用事件,就会由信用资质优异的工具卖方向投资者全额赔付。发展信用风险管理工具,能够有效转移和分散创新创业公司债券的信用风险,为投资者提供风险保护,从而提高创新创业公司债券发行成功率,提高创新创业公司融资能力。

证券公司作为创新创业公司债券发行市场的中介方具有信息优势,在承销过程中对发行人的经营现状、产品发展前景及财务状况等都有较为全面了解,而且证券公司的信用等级一般高于发行人。证券公司在承销创新创业公司债券的同时,发行相应的信用风险管理工具。这一方面可以将证券公司的信用内嵌于发行人的信用中,在拓展业务收入的同时,为发行人提供增信支持;另一方面也有助于降低因信息不对称而产生的增信成本,解决"融资贵"难题。

五、实行合格投资者制度

证券公司对于创新创业公司债券的投资者实行严格的投资者准入制度,以上交所为例,按照《上海证券交易所债券市场投资者适当性管理办法》和《上海证券交易所债券市场投资者适当性管理办法》的要求,创新创业公司债券的合格投资者仅为机构投资者,应当符合下列条件:

(1)经有关金融监管部门批准设立的金融机构,包括证券公司、基金管理公司及其子公司、期货公司、商业银行、保险公司和信托公司等；

（2）上述金融机构面向投资者发行的理财产品，包括但不限于证券公司资产管理产品、基金及基金子公司产品、期货公司资产管理产品、银行理财产品、保险产品、信托产品；

（3）合格境外机构投资者（QFII）、人民币合格境外机构投资者（RQFII）；

（4）社会保障基金、企业年金等养老基金，慈善基金等社会公益基金；

（5）经中国证券投资基金业协会登记的私募基金管理人及经其备案的私募基金；

（6）净资产不低于人民币 1000 万元的企事业单位法人、合伙企业；

（7）中国证监会认可的其他合格投资者。

第五节 系 统 建 设

一、完善内部系统建设

证券公司通过业务管理系统建设，优化创新创业公司债券系统电子化流程和电子档案管理，防范操作风险和合规风险。建立创新创业公司债券客户管理系统（CRM），完善创新创业公司债券发行人的查询、分析和统计功能。建立创新创业公司债券业务的业绩考核评价系统，引入量化考核分析，发挥考核导向作用。充分利用大数据、云计算等信息科学技术，建立创新创业公司债券发行人内部评级体系。

二、加强外部数据库对接

证券公司应加快推动与最高人民法院失信被执行人数据库、工商登记、人民银行征信数据库、各地方征信数据库等外部数据库的合作，建立创新创业公司债券发行白名单和黑名单。同时做好创新创业公司债券专项统计工作，包括发行规模和存续期跟踪及到期兑付、违约情况等数据统计，为创新创业公司债券业务发展积累更多的案例和市场数据。

第六节　典型案例

一、全国首批创新创业公司债券"16 龙腾 01"和"16 德品债"（见表 9 - 1）

表 9 - 1　　　　全国首批发行的两单创新创业公司债券

债券简称	16 龙腾 01	16 德品债
发行主体	昆山龙腾光电有限公司	苏州德品医疗科技股份有限公司
发行总额（亿元）	0.50	0.05
发行方式	私募	私募
发行期限（年）	1	3（1 + 1 + 1）
票面利率（%）	3.88	8.00
评级	无	无
担保	由控股股东昆山国创投资集团有限公司提供保证担保	由股东苏州工业园区德品工贸有限公司提供保证担保
特殊条款设置	无	附第一和第二年末发行人调整票面利率选择权及投资者回售选择权
募集资金用途	补充流动资金	补充流动资金
企业性质	地方国有企业	民营企业

续表

是否上市/挂牌	否	挂牌
高新技术企业	是	是
经营范围	研发、设计、生产第五代薄膜晶体管液晶显示面板（TFT - LCD）；销售自产产品并提供售后服务；从事新型平板显示器件及配套产品的关键原材料、电子元器件、电子数码产品的批发、佣金代理（拍卖除外）及进出口业务；提供新型显示技术开发、咨询、检验检测等服务及技术转让	一类医疗器械、自动化智能设备、物联网信息设备及相关软件产品、相关节能类产品的研发、设计、生产、销售、安装、维护；医疗护理系统整体解决方案的规划、设计、销售、安装、维护；医疗专用家具订制、设计、销售、安装、维护；二、三类医疗器械、医疗环卫设施和医疗电子产品的销售、安装、维护；本公司自产及所售产品的技术服务、售后服务及相关咨询及服务；从事上述产品的进出口服务

首批发行的两单创新创业公司债券，发行主体均为高新技术企业，且均有股东提供保证担保。创新创业公司债券的发行拓宽了发行人的融资渠道，有利于发行人优化债务结构，扩大业务规模，提高产品竞争力，扩大市场份额。

二、全国首单创投创新创业公司债券"17 天图 01"（见表 9 - 2）

深圳市天图投资管理股份有限公司成立于 2010 年 1 月 11 日，注册资本 51977.311 万元，于 2015 年 11 月 16 日在新三板基础层挂牌。公司控股股东和实际控制人均为自然人，公司主营业务为私募股权投资基金管理以及通过自有资金进行股权投资，是国内领先的专注于消费品投资的私募股权投资机构。"17 天图 01"为交易所市场首单创投公司发行的创新创业公司债券，发行规模也是目前创新创业公司债券中最大的一单，募集资金用于投资种子期、初创期、成长期的创新创业公司的股权。通过发行较长期限固定利率的公司债券，可在一定程度上锁定公司的财务成本，尾随创投公司和有限合伙人不同，债券投资者不分享公司股权投资的浮动收益，因此对发行人降低综合成本，扩大业务规模，增加可分配利润具有重要意义。

表 9 - 2　　　　　　　　**全国首单创投创新创业公司债券**

债券简称	"17 天图 01"
发行主体	深圳市天图投资管理股份有限公司
发行总额（亿元）	10.00
发行方式	公开
发行期限（年）	5（3＋2）
票面利率（%）	6.50
评级	AA/AAA
担保	由中证信用增进股份有限公司提供保证担保
特殊条款设置	附第 3 年末发行人调整票面利率选择权及投资者回售选择权；交叉违约和加速清偿条款
募集资金用途	通过直接投资，或设立契约型基金、公司型基金，以及设立有限合伙企业等方式投资于种子期、初创期、成长期的创新创业公司的股权
企业性质	民营企业
是否上市/挂牌	挂牌
高新技术企业	否
经营范围	受托资产管理、投资管理（不得从事信托、金融资产管理、证券资产管理、保险资产管理等业务）；股权投资、投资咨询、企业管理咨询（不含限制项目）；投资兴办实业（具体项目另行申报）

三、全国首批创新创业可转换公司债券"17伏泰转"、"17旭杰转"和"蓝天转S1"（见表9-3）

2017年10月16日，在党的十九大即将召开之际，国内首批非公开可转债——"17伏泰转"、"17旭杰转"在上海证券交易所成功发行，主承销商均为东吴证券。同日，深圳证券交易所首单创新创新可转换债券"蓝天转S1"发行成功，主承销商为华福证券。三家公司均系国家高新技术企业，且为全国股转系统创新层挂牌公司，正处于成长期。其中，伏泰科技发行4000万元，利率4.00%，期限1年，自发行结束之日起6个月后可转股，初始转股价格30.60元/股；旭杰科技发行1060万元，利率6.50%，期限4+2年，自发行结束之日起6个月后可转股，初始转股价格5.30元/股；蓝天环保发行2000万元，期限3年，第一年票面利率为2%，初始转股价格5.20元/股。此次发行将为企业的持续创新发展提供重要的资金支持，同时将会产生良好的示范效应，带动新三板创新层及其他创新创业公司发行可转换公司债。

表9-3 全国首批创新创业可转换公司债券要素

发行主体	苏州旭杰建筑科技股份有限公司	苏州市伏泰信息科技股份有限公司	北京蓝天瑞德环保技术股份有限公司
经营范围	建筑技术研发；房屋建筑工程设计、施工、安装总承包；承接新型墙体安装特种专业工程、内外墙抹灰及涂装工程、机电设备安装工程、装饰装修工程；建筑工业化产品安装；节能材料、节能设备的研发、销售及相关技术咨询；建材进出口	计算机软硬件及系统集成开发、销售，相关系统方案咨询，物流方案咨询；软件外包服务；通信器材销售；环境技术领域内的技术咨询、技术开发与服务；城市生活垃圾的清扫、收集、运输、处理服务；增值电信业务	国内最早专注于供暖与制冷BOT投资、合同能源管理、非传统能源的开发与利用、污染治理的高新技术企业。经营范围包括：技术开发、技术推广、技术服务、专业承包、热力供应、资产管理

续表

发行总额（万元）	1060	4000	15000
发行方式	非公开	非公开	非公开
发行期限（年）	6（4＋2）	1	3
票面利率（％）	6.5	4	第一年2%，第二年4%，第三年12%
评级	无	无	无
担保	无	苏州农业担保有限公司和大股东无限责任	无
转股期和转股申报期	发行后6个月可转股，转股申报期均为10个交易日，每3个月设置一次转股申报期，连续10个交易日截止	发行后6个月可转股，转股申报期均为10个交易日，为自发行之日满6个月后的第一个交易日起，连续10个交易日截止	发行后6个月可转股，转股申报期均为10个交易日，为自发行之日满6个月后的第一个交易日起，连续10个交易日截止
转股价格	5.3元/股	30.6元/股	5.2元/股
转股价格下修条款	由董事会和股东大会决定。修正后的转股价格应不低于该次股东大会召开日前20个交易日全国中小企业股份转让系统公司股票转让均价和前一交易日均价之间的较高者。同时，修正后的转股价格不得低于最近一期经审计的每股净资产值和股票面值的较高者	无	无
有条件回售条款	发行人有权在本次债券发行之日起第4年末调整票面利率，同时可转换债券持有人有权向发行人按债券面值加上应计利息回售全部或部分未转股的可转换债券	可转换债券持有人在转股申报期满后10个交易日内，可选择公司按债券面值的一定比例赎回全部或部分未转股的可转换债券	无

附加回售条款	在本可转换公司债券存续期间内,若公司出现下述情况之一的,可转换债券持有人享有一次回售的权利:①本次发行的可转换公司债券募集资金使用情况与公司在募集说明书中的承诺情况相比出现重大变化,且该变化被有关监管机构认定为未经过履行相应法定决策程序而改变募集资金用途;②终止在全国中小企业股份转让系统挂牌;③实际控制人发生变更	若公司本次发行的公司债券募集资金使用情况与公司在募集说明书中的承诺情况相比出现重大变化,且该变化被监管机构认定为未经过履行相应法定决策程序而改变募集资金用途的,公司债券持有人享有一次回售的权利	若公司本次发行的公司债券募集资金使用情况与公司在募集说明书中的承诺情况相比出现重大变化,且该变化被监管机构认定为未经过履行相应法定决策程序而改变募集资金用途的,公司债券持有人享有一次回售的权利
到期赎回条款	在本次发行的可转债期满后5个交易日内,公司将按债券面值加上当期应计利息赎回全部未转股的可转换公司债券	无	无
有条件赎回条款	若公司向当地证监局申报A股上市辅导并获受理及公告或中国证监会认可的其他方式后,可转换债券持有人未在最近的一个转股申报期内申请转股的,公司有权在该转股结束后将债券持有人持有的未转股部分债券按债券面值加上当期应计利息赎回	无	无
无法转股的利益补偿安排	如转股申报时出现因股东人数超过200人等导致投资者无法转股的情形时,投资者有权要求发行人返回投资者投资本金及当期应计利息的120%(含当期应计利息),当期利息计算期限为自上一债券付息日次日起,至该次转股申报日止	如转股申报期内出现因股东人数超过200人等导致投资者无法转股的情形时,发行人应当返回投资者投资本金,并增加补偿公司与投资者约定的利息,利息计算期限为自债券起息日起至债券到期日止	因股东人数超过200人而导致持有人不能转股的风险。未能转股的债券持有人将按照票面利率获得本金与利息,公司不提供其他利益补偿安排

募集资金用途	补充公司流动资金，偿还有息负债	补充公司流动资金，偿还有息负债	包括收购天津凯祥供热有限公司80%的股权、收购保定市华尊能源开发有限公司35%的股权、归还融资租赁款、银行借款本息等
企业性质	民营企业	民营企业	民营企业
是否新三板创新层	是	是	是
高新技术企业	是	是	是
主承销商	东吴证券	东吴证券	华福证券

资料来源：Wind资讯。

四、特殊条款设计

（1）本金提前偿还。"17璞泰01"，发行人为上海璞泰来新能源科技股份有限公司，发行规模2亿元，期限3年期，设置本金提前偿还条款，在债券存续期的第2年末按照本期债券发行总额的1/3的比例偿还债券本金，第3年末按照本期债券发行总额2/3的比例偿还债券本金。

（2）交叉违约和加速到期。"17阳普S1"，发行人为广州阳普医疗科技股份有限公司，发行规模3亿元，期限5年期（附第3年末发行人调整票面利率选择权和投资者回售选择权），另外为了保护投资者的利益，设置了交叉违约条款和加速到期条款。

五、现有案例总结

截至 2017 年末，市场上发行的 28 单创新创业公司债券，发行规模普遍较小，除"17 天图 01"、"17 天图 02"和"17 创投 S1"规模较大外，多集中在 3 亿元以下。在发行期限方面，私募品种多集中在 1~3 年，公募品种期限较长，集中在 3~5 年，目前已发行的 7 单公募创新创业公司债券中，"17 天图 01"、"17 天图 02"、"17 创投 S1"、"17 阳普 S1"、"17 万维 S1"发行期限均为 5 年，"17 璞泰 01"和"17 圣泉 01"发行期限为 3 年。在增信方面，9 单为信用发行，剩余 19 单由第三方担保公司或控股股东等提供担保增信。在条款设计上，普通创新创业债券目前和普通公司债差别不大，截至 2017 年末已有 4 家公司发行创新创业可转换公司债券，分别是苏州市伏泰信息科技股份有限公司 2017 年非公开发行创新创业可转换公司债券、苏州旭杰建筑科技股份有限公司 2017 年非公开发行创新创业可转换公司债券、北京蓝天瑞德环保技术股份有限公司 2017 年非公开发行创新创业可转换公司债券（第一期）和深圳价值在线信息科技股份有限公司 2017 年非公开发行创新创业可转换公司债券，股债结合的属性得到体现。增信措施仍较单一，知识产权质押、股权质押等尚不普遍。在投资者类型上，目前仍以传统的银行、证券融资资管计划等投资者为主，PE/VC、保险、投贷联动基金等仍参与较少。

INNOVATION
ENTREPRENEURSHIP

第十章
我国创新创业公司债券的发展

穷理以致其知，反躬以践其实。

——宋·朱熹《四书章句集注》

第一节　发展创新创业公司债券的重要意义

一、金融服务实体经济的需要

党的十九大报告提出了习近平新时代中国特色社会主义思想，指出我国社会主要矛盾已转化为人们日益增长的美好生活需要和不平衡不充分的发展之间的矛盾，我国经济已由高速增长阶段转向高质量发展阶段，正处在转变发展方式、优化经济结构、转换增长动力的攻关期。发展创新创业公司债券，是从债券市场层面积极响应新时代号召，贯彻落实国家创新驱动发展战略，支持大众创业、万众创新，服务供给侧结构性改革，促进产业结构调整和经济转型升级的重要举措。

二、解决企业融资难、融资贵的需要

发展创新创业公司债券是优化资源配置的有效手段，尤其通过附带转股条款，能够有效缓解长期以来困扰创新创业公司"融资难、融资贵"问题，拓宽创新创业公司直接融资渠道，降低企业融资成本，支持创新创业公司发展；同时也有助于证券公司等金融机构培育优质客户，提升服务实体经济能力。

三、债券市场深化发展的客观要求

创新创业公司债券作为一种标准化直接融资工具，法律关系更为明确清晰，有较高的信息披露要求，其市场化、法制化程度更高。发展创新创业公司债券是在新的经济金融形势下，我国债券市场进一步深化改革，提升服务实体经济的广度和深度，不断完善多层次资本市场体系的客观要求。

四、满足多样化投资的需要

发展创新创业公司债券能够进一步丰富我国债券品种，形成对银行理财、信托产品、股权合作协议等非标资产的替代，提高市场的流动性和透明度，降低系统性风险。同时，创新创业公司债券一般有着较高收益率，与其他类别资产的相关系数较低，能够满足包括保险公司、共同基金、养老基金、股权投资基金等各类投资者多样化的资产配置需求。

第二节　创新创业公司债券发展中存在的问题

一、创新创业公司债券市场推广有待加强

由于中国证监会的《指导意见》和《实施细则》发布时间不长，市场上大多数中小科技型企业对创新创业公司债券这一新的直接融资工具还不甚了解。截至 2017 年底，我国高新技术企业已超过 10 万家，A 股上市公司 3485 家，新三板挂牌企业 11630 家，其中新三板创新层 1329 家。但发行创新创业公司债券的公司数量仅为 23 家，发行规模不到 42 亿元，区域也仅限于北京、上海、苏州、杭州等经济较为发达地区。创新创业公司债券尚处于发展初期，覆盖范围还较为有限，需要有关部门加大市场推广和宣传力度，有针对性地进行市场培育工作。

二、增信机制不健全，落实增信措施存在难度

目前我国债券市场尚未建立完善的风险定价机制，债券发行人，

特别是评级较低的中小型创新创业公司发行债券，必须提供较高比例的抵押或担保才能顺利发行。中小创新创业公司大多轻资产运营，可抵押物少，需要寻求外部担保。一般来说，政府背景的担保公司费率相对较低，市场接受度较高，但对被担保企业资质要求较高，且覆盖面有限、有着明显的区域性。民营担保公司担保费率较高，市场机构接受度较低，且大多要求企业按贷款的一定比例缴存保证金或要求提供较为苛刻的反担保措施。近年来，一些融资性担保公司挪用客户保证金用于民间借贷的风险频发，代偿率居高不下，进一步推高了担保费率，加重了创新创业公司的融资负担，大幅抬高了中小企业的融资成本。前期创新创业公司债券试点显示，担保增信费用成本为 2% ~ 3%，占总体融资成本比例为 20% ~ 35%。可见，目前我国债券市场过于依赖担保，增加了中小型创新创业公司发债的成本及难度。

三、投资者群体较为单一，专业投资者有待培育

国外高收益债券的主要投资者为养老金、高收益债券基金、对冲基金等专业投资者，由于我国创新创业公司债券的风险定价机制尚未形成，发债规模较小，且发行人一般为成长性中小企业，目前商业银行、公募基金、保险机构等传统投资者的投资意愿不高，并且由于我国高收益债券基金、对冲基金等专业投资者发展不充分，创新创业公司债券的承销尚存在一定难度，市场上存在着拿了批文，而找不到合适投资者的情况。

四、成本收入不对等，承销机构的激励机制有待完善

创新创业公司的发债规模一般远低于证券公司的其他项目，承销费收入较低，同时由于创新创业公司有一定技术门槛，证券公司需要付出更多的成本进行尽职调查，以甄别创新创业公司的风险水平，证券公司承销创新创业公司债券面临着风险和收益不对等的困境，大多数证券公司尤其是市场竞争压力较大的中小证券公司从事创新创业公司债券的主观积极性并不高。如果无法找到合适的盈利模式或利益补偿方式，证券公司创新创业公司债券业务将很难大规模推广。

五、政策支持覆盖面还不够广泛

目前只有北京、深圳、苏州和杭州等部分地方政府发布了支持创新创业公司债券的财政优惠政策，全国绝大多数地方尚未有相应的支持政策，增加了创新创业公司债券的推广难度。按当前的成本测算，AA级国资担保后，不含转股条件的创新创业公司债券的发债利率一般在6%~7%之间，加上担保费和中介费用，企业总成本接近8%~9%，并无明显成本优势。而如有政府补贴，一般融资成本可降低至6%左右，企业基本可以接受。此外，投资创新创业公司债券的金融机构目前在监管政策上也没有明确的分类监管和支持政策，部分机构出于风险与收益考虑，对参与创新创业公司债券持谨慎观望态度。

第三节　进一步发展创新创业公司
债券的相关建议

推动"大众创业、万众创新"需要进一步营造融合、协同、共享的"双创"生态环境，发展创新创业公司债券是改善"双创"生态环境重要的一环。营造"政府引导、市场导向"的创新创业公司债券"生态圈"，就是要以市场化、法制化为导向，形成"法治保障"、"政策支持"、"发行人愿发"、"投资者愿买"和"中介机构愿服务"多位一体的市场运行机制。

一、完善创新创业公司债券制度体系

（一）完善证券公司考核评价体系

相对于普通公司债券，创新创业公司债券发行难度大，规模相对较小。应建立创新创业公司债分类考核评价体系，对于创新创业公司债券业务发展较为突出的证券公司给予一定的政策激励，将其纳入证券公司社会责任履行情况进行评价。同时在日常监管中依照市场化、法治化的监管原则，适当提高创新创业公司债券业务违约容忍度，鼓励更多证券公司开展创新创业公司债券业务。

（二）明确有关税收和监管政策

按照现在的企业会计准则，企业发行含权债需要用不含权债进行重新定价，从而影响企业当期利润。建议协调有关会计主管部门，研究探讨非公开发行含转股条款的创新创业公司债券的有关会计政策。对于商业银行、证券公司、保险公司等金融机构参与投资创新创业公司债券，建议制定分类监管的政策。

（三）加强创新创业公司债券风险防范

应加强对创新创业公司债券的监管协调，综合运用宏观审慎与微观审慎监管工具，完善和统一债券市场有关监管规则和标准，强化创新创业公司债券信息披露，有效防范违约风险。针对创新创业公司债券信用风险较高的特性，按照稳健起步的原则，建议有关政策先试点再逐步推广。

二、加强创新创业公司债券市场推广

（一）加强创新创业公司债券业务推广和培训，提升市场影响力

有关部门可以加强创新创业公司债券的宣传和交流，牵头组织创新创业公司债券的相关论坛和研讨，加大创新创业公司债券市场推广力度。同时积极引导商业银行、保险机构、证券公司、证券投

资基金、私募股权基金等具备风险识别和承担能力的机构投资者依法合规投资创新创业公司债券。

（二）成立创新创业公司债券自律组织

有关部门应在前期创新创业公司债券试点工作小组基础上，推进成立创新创业公司债券专业委员会或作为公司债券委员会下属专业小组，邀请专家学者和市场专业人士等参与，开展创新创业公司债券日常交流与研讨，推进我国创新创业公司债券政策协调和市场培育。

（三）成立专门投资创新创业公司债券的产业引导基金

有关部门应成立专门投资创新创业公司债券的产业引导基金。创新创业公司债券在国内作为一个新品种，目前投资者还比较稀缺。有关部门可以通过设立引导基金，按照发行规模的一定比例认购每期债券，这将大大增强投资者信心，有利于降低债券发行成本，提升创新创业公司债券服务地方经济的广度和深度。

三、加强地方政府政策引导和支持

（一）将发展创新创业公司债券纳入年度考核目标

各地政府应将发展创新创业公司债券作为推动创新创业公司直接融资的重要手段，将其列为各地政府尤其是国家级高新技术开发区、大众创业万众创新示范基地和国家高新技术产业开发区等重点地区的年度考核目标。

（二） 出台创新创业公司债券支持政策

建议各地政府参考苏州市、北京中关村高新区、深圳福田区和杭州滨江区出台的创新创业公司债券支持政策，将支持创新创业公司债券的有关政策纳入各地金融支持政策，给予创新创业公司债券的发行人一定的财政贴息补贴，降低发行人的融资成本，同时对具体承做创新创业公司债券的证券公司等中介机构参照新三板挂牌给予一定的物质奖励，提高市场中介机构发展创新创业公司债券业务的积极性。在推广初期，可以加大补贴力度，引导更多创新创业公司选择创新创业公司债券这一直接融资方式。

（三） 地方政府在协调担保公司中的重要作用

在创新创业公司债券前期发展中，地方政府应在协调担保中发挥重要作用，协调当地的政策性担保公司给予一定的担保便利，同时对从事创新创业公司债券担保的担保公司按照担保金额给予一定比例的风险补偿，为其承担一部分风险，并研究对区域内展业积极的担保公司给予一定奖励。

四、加强投资者保护和培育

（一） 探索市场化投资者保护条款

可以研究设置多样化的偿债保障条款，包括在募集说明书中增加控制权变更限制条款、交叉违约条款、核心资产划转限制条款、支出限制条款和新增债务限制条款等，从而保证发行人偿债能力，保护投资者合法权益。

（二）拓宽增信措施范围

拓宽抵押、质押品范围，研究以发行人合法拥有的依法可以转让的股权，或者注册商标专用权、专利权、著作权等知识产权为创新创业公司债提供增信等措施。

（三）稳步发展信用风险管理工具

信用风险聚集可能引发系统性风险，传统信用风险防范手段停留在交易双方层面，无法反映市场整体信用风险水平。市场化交易的债券信用风险管理工具，能够使信用风险在市场上分散和转移。从海外高收益债券发展的经验来看，加强创新创业公司债券配套产品创设和机制创新，稳步发展信用违约互换（CDS）和债券抵押债务凭证（CBO）等信用衍生产品，能有效转移、对冲创新创业公司债券信用风险，促进一级市场的发行，提高二级市场流动性。

（四）培育创新创业公司债券机构投资者

通过一定的政策扶持，推动我国创新创业公司债券基金发展。鼓励商业银行通过自有资金、理财资金投资创新创业公司债券，在向中国人民银行公开市场融资时再给予一定抵押品系数支持。协调有关部门，进一步明确创新创业公司债券的法律主体地位，将创新创业公司债纳入券商资管、公募基金、保险资金、养老金和私募基金等机构投资者的投资范围。

五、完善证券公司内部管理机制

（一）优化证券公司内部考核机制

证券公司应优化内部职责分工，成立创新创业公司债券小组，指派专人对接创新创业公司债券业务，打造服务创新创业公司的专业队伍。同时应优化内部考核机制，给予从事创新创业公司债券的业务人员一定的精神和物质奖励，提高专业人员参与创新创业公司债券的积极性。

（二）加强股债联动和一二级市场联动

证券公司应树立以客户为中心的服务理念，通过股债联动、一二级市场联动等机制来做好创新创业公司的全产业链的综合金融服务，而获取长期综合回报。

（三）建立创新创业公司债券市场化合作机制

证券公司应建立与担保公司、律师事务所、会计师事务所、投资机构等从事创新创业公司债券的金融机构、中介服务机构的业务合作机制和信息共享机制，提高创新创业公司的尽调效率和服务能力，有效降低成本。

INNOVATION
ENTREPRENEURSHIP

附录 1
东吴证券创新创业公司债券
项目花絮

在本书的撰写过程中，笔者对创新创业公司债券的发行人、投资者和项目组成员等进行了访谈，以更真实生动地记录东吴证券服务创新创业公司的精彩故事。

一、伏泰科技发行可转债的惊心动魄

苏州市伏泰信息科技股份有限公司（以下简称"伏泰科技"）总部位于苏州，下辖海南、湖南两个子公司和沈阳、东阳两个分公司，业务遍布北京、上海、苏州、厦门、天津、南宁、杭州、武汉、沈阳等全国80多个城市，是国内领先的环境卫生IT技术服务商和荣获数十项市容环卫信息化奖项的国家高新技术企业。伏泰科技综合运用IOT、云计算、大数据和3S等技术，集环境卫生信息化咨询、规划、建设和运营为一体，致力于为城市生活垃圾、餐厨垃圾、工业废弃物、建筑渣土、危险废弃物、医疗废弃物、城市污水、污泥、城市保洁和环境治理等业务全流程提供最全面的信息化解决方案。

一直以来，"融资难、融资贵"的问题是制约像伏泰科技一样的中小创新创业公司发展的重大难题。随着中国经济的迅猛发展，全社会日益重视城市环境卫生、固废处理等领域的问题，该领域的投资建设呈快速增长态势，行业内生的信息化需求也全面爆发。与之相对应的，伏泰科技的销售业绩也呈现井喷之势，2014～2016年公司销售业绩年复合增长率达90%以上。随之而来的是公司所承接信息化建设项目的资金垫付压力也在逐年增大。随着公司业绩的快速增长，伏泰科技对发展的资金需求也越来越强。然而，伏泰科技是典型的民营高科技、轻资产公司，融资能力、融资渠道有限，公司的发展曾因资金原因一度放缓。

"虽然公司在新三板挂牌以来有过三次股权融资，但股权融资稀释了股权，因为没有其他融资渠道，对于我们这样的高科技公司来说也是不得已而为之"，伏泰科技董事长沈刚表示。

2017年7月，中国证监会发布《指导意见》正式推出创新创业公司债券，为伏泰科技带来了政策红利。作为伏泰科技的主办券商，东吴证券见证了伏泰科技自登陆新三板以来的成长历程，随即为伏泰科技量身定制了创新创业公司债券的发行方案。《指导意见》发布不久，"17伏泰债"在上海证券交易所成功发行，为伏泰科技融资2000万元2年期的长期资金，扣除补贴之后的综合成本仅在6%左右，伏泰科技在直接融资领域做出的首次尝试真真切切地得到了实惠。通过发行创新创业公司债券，优化了伏泰科技的债务结构，降低了融资成本，进一步提升了其在资产市场的知名度，并为后期拓宽融资渠道打下了良好的基础。

此次发债融资之后，伏泰科技业务增长迅速，资金需求依然旺盛，公司开始启动第四轮定增。此时，适逢沪、深交易所和中国结算联合发布《实施细则》，允许创新创业公司债券设置转股条款，相当于赋予了投资者一个期权，这将提高债券投资者的吸引力，也将极大地降低发行成本。作为创新创业公司债券的市场先行者和领导者，东吴证券积极准备争取发行《实施细则》发布之后的首单创新创业可转换公司债券。东吴证券项目组及时跟进，结合伏泰科技的需求，抓住创新创业可转换公司债券能解决企业"融资难、融资贵"痛点的优势，适时向伏泰科技推荐了"可转债"这一创新品种。

然而，首单的推进从来都不会那么顺利。由于可转债对于新三板公司来说是"稀缺品种"，伏泰科技对此并不了解，市场上也并无先例。此时又逢其正在准备定增，部分潜在定增投资者已经明确表示了认购意向。伏泰科技担心发行可转债影响未来的股权比例，从而对潜在定增投资者的预期产生影响，从而导致定增失败。一番权衡之下，伏泰科技公司高管对发行可转债产生了顾虑和犹豫。

此时，进入2017年9月下旬，市场已有新三板公司发布相关董事会公告，拟于国庆假期后召开临时股东大会审议发行创新创业可转换公司债券。由于股东大会决议是发行可转债的必备要件，且根据有关规则，新三板公司董事会公告之后必须十五日方能召开股东大会，这就意味着如果不能在国庆假期前发布董事会公告，东吴证券的首单创新创业公司债券的目标即将落空。

时间一分一秒地过去，对于发布董事会公告，伏泰科技迟迟不表态。面对当初对公司的承诺，东吴证券项目组一度陷入紧张和焦灼之中。

关键时刻，东吴证券上下团结、充分协作、共享共赢的企业文化得到了充分体现。公司领导对此高度重视，成立了创新创业可转换公司债券领导小组，亲自坐镇指挥，要求项目组充分论证定增与可转债同时开展的可行性，同时协调伏泰科技公司高管，晓之以理，动之以情，为其详细解释创新创业可转换公司债券的优势，消除其对于定增与可转债同时开展的顾虑。

伏泰科技公司高管被东吴证券公司领导的真诚所感动，"只要能说服两名重要的潜在投资者，公司就同意发公告"，伏泰科技公司总经理程总最终表态。此时的时间定格在2017年9月27日晚上11点，离国庆假期只剩三个工作日。面对竞争对手已经发布董事会公告，即使在三个工作日说服潜在定增投资者，首单任务也可能失败的局面，项目组上下都有点气馁，部分项目组成员甚至想放弃。

面对前期的心血可能付之东流，东吴证券伏泰科技可转债项目组具体负责人H心有不甘。他深夜拨通了程总的电话，恳请程总给予两个投资者的联系方式，程总一开始有些为难，但被其诚意所打动，给予其两个重要潜在投资者的联系方式。

深夜电话沟通投资者的结果有喜有忧。一个投资者似乎熟悉可转债，表示基本不会反对伏泰科技发行可转债，但需要重新走一个内部决策流程。另外一个杭州的投资者却截然相反，明确表示不同意发行可转债，如果伏泰科技要发行可转债，可能会暂缓参与定增，他同时也表示不愿意见面交流。

闻此音讯，脸上刚有点喜色的项目组上下再次陷入了痛苦。

"作为参与《指导意见》和《实施细则》的起草者之一，如果首单没由我推出，我觉得有负公司领导的期望，内心更无法给自己一个交代。人的一生能有几次为理想而拼搏的机会？我决定做最后一次努力"，深夜再给部门领导发完这个短信之后，H决定背水一战，连夜赶往杭州，争取明天一早当面找到投资者进行沟通，做最后一次努力。

于是他夜里赶到了火车站，坐上深夜两点去往杭州的普通火车，在第二天凌晨赶到了杭州。

初秋的杭州正下着蒙蒙细雨，有些寒冷。由于投资者并没有同意见面，因此程总无法告知具体地址只告诉了大致方位。没有带伞、一夜没睡的 H 只好在街头徘徊，失落着品尝秋雨淋湿的寒意，着急等待上班时间的到来。

早上 9 点一过，他立马再次拨通了杭州投资者的电话，恳请杭州投资者能否给予一次当面交流的机会。

或许是那天心情不错，或许是被 H 的诚意所打动，杭州投资者最终答应了与 H 一早进行会面，并告知了具体地址。

在一个小时的着急等待之后，H 与投资者终于在办公室见上了面。

然而，经过一番对于创新创业可转换公司债券的介绍之后，投资者当场并没有表态，只是表示他大致听明白了，让 H 先回去。

尽了自己最大的努力，但并没有预期的效果，在回苏州的路上，H 内心特别失落，返回途中一路心事重重、忐忑不安。

踏上离开杭州的火车刚开了一半，尚未到上海境内，H 突然接到伏泰科技程总的电话，表示如果东吴证券能尽快帮助伏泰科技将做市交易转为协议交易，公司同意发布发行董事会公告，启动可转债发行流程。

闻此消息，东吴证券上下和项目组成员无不欢呼雀跃，抓紧推进项目各项准备流程。

2017 年 10 月 16 日，在中国证监会、沪、深交易所和股转公司的关心指导和东吴证券公司领导支持下，项目组在假期加班加点、日夜奋战、克服困难，全国首批创新创业可转换公司债券——"17伏泰转"在准备工作落后竞争对手近半年、项目存在一定政策不确定等种种不利因素情况下，实现发行规模、发行时间反超，率先在上海证券交易所成功发行，发行规模4000万元，期限1年，票面利率4%，初始转股价格为30.6元/股。对此，发行人和投资者都表示十分满意。

喜讯传来，H和项目组成员无不乐极而泣。

"支持创新创业的路上也许并不会一帆风顺，但只要有'咬定青山不放松、立根原在破崖中'的勇气和信心，就一定能克服困难，取得最后的胜利"，当天晚上H在自己的微信朋友圈中写道。

据了解，目前伏泰科技正在积极准备申报IPO，中国证监会、上海证券交易所等有关部门都给予了较高关注。从股转公司挂牌成为创新层、上海证券交易所首次发行创新创业可转换公司债券再到最后有望IPO，一路走来，伏泰科技有望成为资本市场股债联动支持创新创业发展的首个鲜活"样板"。

我们期待着在证券市场服务实体经济支持下，伏泰科技在创新创路上续写着更为精彩的故事。

二、龙腾光电直接融资方式的首次尝试

昆山龙腾光电有限公司（以下简称龙腾光电）成立于 2005 年 7 月 12 日，是昆山国创投资集团有限公司的控股子公司，公司总投资额 15.69 亿美元，主营业务为第五代薄膜液晶显示面板研发、生产及销售，是目前国内五代线中产能最大、最具竞争力的高新技术企业。公司非常重视研发投入和新产品开发，2016 年研发投入占营业收入的比重达 4%，新产品开发数量 50 只。公司拥有由何梁何利基金"青年科学与技术创新奖"获得者，及国家"千人计划"企业创新人才领军的研发团队。截至 2017 年 10 月底，公司累计申请专利数量已超过 1600 件，先后获得"国家火炬计划重点高新技术企业"、"江苏省高新技术企业"、"江苏省创新示范企业"和"江苏省管理创新示范企业"等创新类企业荣誉称号。

在国家级昆山光电产业园内，龙腾光电作为第一家入驻的企业，以中游面板项目为核心砥柱，吸引了玻璃基板、彩膜、驱动 IC、偏光片、背光源、整机和装备等上下游配套企业入驻园区，形成了国内最为完善的平板显示产业链。目前，公司中小尺寸转型策略效果突出，公司产品广泛应用于手机、平板电脑、笔记本电脑、工控产品和车载产品等的显示屏，产品赢得了包括联想、戴尔、惠普等国内外知名的液晶面板、电脑和手机厂商在内的广泛认可。2016年公司智能手机面板的出货量近1.5亿片，位居全球第七位，国内第三位，同时也成为出货量超1亿片中成长幅度最大的智能手机面板供应商。

和一般创新创业公司债券发行主体新三板企业不同的是，龙腾光电是由地方国有企业控股的非挂牌企业，公司规模相对较大，且受益于2016年下半年行业景气度高涨及公司中小尺寸转型策略的深入实施，公司经营业绩和盈利能力稳步提升，从银行融资不是特别困难，且可以取得很好的放款条件。因此，在主承销商东吴证券向龙腾光电提出可以通过创新创业公司债券融资的时候，他们最关心的就是综合融资成本，即包括主承销商承销费、会计师事务所和律师费等费用在内的债券综合融资成本，以及相较于同期的银行贷款谁更有优势。

作为龙腾光电的主承销商，东吴证券为龙腾光电获得上海证券交易所创新创业公司债券无异议函额度共1亿元，其中"16龙腾01"于2016年10月发行，发行金额5000万元，期限1年，票面利率3.88%。考虑承销费和律师费，综合成本不到4.10%，而同期1年期银行贷款基准利率为4.35%，切实降低了发行人的融资成本。同时，作为全国首批冠名"创新创业"的公司债券，各大媒体对此进行了报道，获得了较好的宣传效果，提高了品牌知名度，因此发行人对"16龙腾01"的成功发行非常满意。

在进行第二期发行的时候，债券市场经历了冰火两重天。2016年10月前债券一级市场基本延续牛市行情，发行利率处于低位，但自2016年10月下旬开始，受国海证券事件、金融监管和央行提高回购利率等因素影响，债券市场急转直下，发行利率较 2016 年上半年大幅上行，以 10 年期国债收益率来说，"16 龙腾 01" 发行时即 2016 年 10 月 20 日 10 年期中债国债收益率仅为 2.69%，而 "17 龙腾债" 发行时即 2017 年 9 月 19 日 10 年期中债国债收益率上升到了 3.65%，上行了 96 个 bp，而同期银行贷款基准利率却未做调整。对于发行人龙腾光电来说，即使基准利率上浮 5%～10%，也比发债更有优势，因此龙腾光电对于继续发行债券的动机较弱。

东吴证券充分认识到发行人对成本的顾虑，努力为发行人争取地方政府补贴以降低其综合融资成本。东吴证券积极对接苏州市人民政府、苏州市金融办、昆山市发改委等地方政府机构，2017 年 6 月 22 日，苏州市人民政府下发《市政府印发关于进一步促进金融支持制造企业的工作意见的通知》（以下简称《通知》），《通知》明确 "对成功发行'双创债'的企业，按实际融资规模给予 2% 以内、最高 100 万元的发行费用支持"，同时发行人所在的昆山市发改委也明确予以支持，这才让发行人吃了 "定心丸"。2017 年 9 月 19 日，第二期剩余 5000 万元 "17 龙腾债" 成功发行，发行期限仍为 1 年，发行利率 5.60%，而扣除补贴的 2%，实际利率仅为 3.60%，低于同期银行贷款基准利率。发行人对于此次发行非常满意，也很感谢东吴证券的付出。

对于与创新创业公司债券的两次 "亲密接触"，龙腾光电有关负责人表示，"龙腾光电在上海证券交易所成功发行'16 龙腾 01'和'17 龙腾债'，成功募集资金 1 亿元，成为中国证券市场首批正式冠名'双创'的债券。创新创业公司债券的发行，拓宽了融资渠道，为龙腾光电的持续创新提供了资金支持；优化了公司债务结构，降低了融资成本；提升了龙腾光电在资本市场的知名度，为公司未来在资本市场实现持续融资，增强公司行业领先地位，奠定了良好基础。在两期创新创业公司债券从申报到发行成功过程中，特别感谢上海证券交易所开辟的绿色通道，以及东吴证券专业、高效的服务，使两期创新创业公司债券顺利发行。"

三、瑞力基金投资新模式：私募可转债

上海瑞力投资基金管理有限公司（以下简称"瑞力投资"）成立于 2011 年 9 月，是上海国际四大产业基金管理公司之一，2014 年 6 月顺应上海国资国企改革要求，开始启动优化重组，2015 年 6 月重组优化完成。目前是以上海报业、上海实业、上海国际三大国有集团为主导，并引入优质民营上市公司作为战略合作伙伴的私募基金管理公司。

瑞力投资秉承"以人为本"的投资理念，专注新兴产业投资。业务布局 5 大板块，分别为健康医疗、文化教育、能源环保、互联网科技与金融和资产管理。目前公司基金管理规模超过 150 亿元，未来 5 年内预期基金管理规模可达 300 亿元。

2017 年 10 月 16 日，瑞力投资管理的瑞力骄阳基金成为全国首批创新创业可转换债券的投资者，投资标的为伏泰科技发行的创新创业可转换债券 4000 万元，利率 4.00%/年，期限 1 年，自发行结束之日起 6 个月后，投资者可在规定期限内选择是否行使转股权，转股价格 30.6 元/股。可转换债券持有人在转股申报期满后十个交易日内，可选择由公司按债券面值的一定比例赎回全部或部分可转换债券。

"本次瑞力投资的投资模式将传统 PE 投资与创新创业可转换债券相结合，在保障基金利益的前提下，进行了投资模式创新的积极探索"，瑞力投资具体负责伏泰科技可转债项目的投资经理柳佳赟表示。

一直以来，常规的 PE 投资，投资机构提出的回购条款等风控措施大都通过与被投资企业签署《补充协议》来进行约定。《补充协议》被大家俗称为"抽屉协议"，主要因为该协议往往是属于不公开的，仅由双方私下签署。而"抽屉协议"的非公开特性，导致一旦出现极端情况，存在一方毁约翻脸不认账的情形，随后需要守约方进行耗时持久的法律维权程序。出现这一问题，究其原因还是缺乏一个公开化的交易平台，对相关"抽屉协议"进行阳光化、制度化的监管，保障签署双方的利益，保护 PE 投资机构与被投资企业双方应有的权利。

本次瑞力投资选用创新创业可转换公司债券的新模式投资伏泰科技，与传统 PE 投资模式相比，有以下几点优势：

观察期：基金拥有更充足的时间对被投企业进行考察及尽调，视标的企业在约定时间内的发展情况，在 6 个月的"观察期"过后选择是否进行转股。

回售条款：如基金选择不转股，可要求标的公司按照约定利率回购相关债券，该回售条款相当于通常 PE 投资的回购条款，且该条款的可执行性与可操作性更强。

优先偿付：如在转股前，标的公司出现极端情况，基金所持有的债权将优先于股权进行偿付。

债性投资利息：债性投资阶段，基金获得约定利息，弥补该短时间的资金使用成本。

市场监管：创新创业可转换公司债券由上海证券交易所审核，并在交易所挂牌发行，降低交易各方违约的可能性。

担保保障：在基金、券商及被投企业达成一致后，可选择在交易中加入担保，提高整体投资的安全性。

可交易性：本次创新创业公司可转换债券可通过上海证券交易所综合协议交易平台进行挂牌及交易，为投资者带来更多的投资选择和退出渠道。

"像瑞力投资股权类机构通过使用创新创业可转换公司债券的方式投资标的公司，可以将回购或回售协议标准化、公开化，对签约双方的约束力更强，从而使得股权投资更加稳健、风险相对更加可控，也为投资者带来更多的投资选择和退出渠道。可转债投资，也为优质的中小企业拓展了融资渠道、丰富了融资方式、降低了融资成本，通过标准化的融资工具规范创新创业公司的融资行为，提高公司治理水平，有助于国家推进'大众创业、万众创新'的重要部署。相信在不久的将来，创新创业可转换公司债券将被越来越多的投资者重视并运用在日常的投资业务中"，对此次投资方式的大胆创新，瑞力投资副总裁赵耀罡总结道。

四、投行员工心目中的创新创业公司债券

（一）东吴证券债券承销部的小金先后参与了"16 苏金宏"、"16 德品债"和"17 伏泰转"三单创新创业公司债券的申报和发行，其中"16 苏金宏"为全国首批创新创业公司债券，"16 德品债"为全国首批交易所冠名"创新创业"的公司债券，"17 伏泰转"为全国首批创新创业可转换公司债券。

"由于创新创业公司债券是公司债中一个新的子品种，之前市场上没有，因此没有成功案例可循，项目申报的过程时间紧、压力大"，小金对创新创业公司债券项目承做有着深刻体会。

2016 年 12 月的短短的一个月内，小金所在部门同时开展了三单创新创业公司债券项目：金宏气体、方林科技、普滤得。因为创新创业债券的特性，除了尽职调查，还要挖掘企业的创新点。

他常和另两单项目的同事互相挖苦，"普滤得做的供水系统，配合金宏的民用气泡机，可以在大楼里直供苏打水，算不算一个创新点？"

"你一个做气体的，难道不算传统行业？"同事反问道。

他便说出一大堆"工业 4.0"、"智能供气"等名词，惹得同事

大笑一番。

玩笑归玩笑，企业真正的创新点，却是在他深入访谈业务人员，了解企业的业务规律后发掘出的。

"相比城投公司，给实体企业发行债券融资，虽然过程比较痛苦，但确实是给投行业务人员增长知识和经验的一个好机会，我想这就是从事创新创业债券的魅力所在吧"，小金在回顾自己的这段经历时不无感慨。

（二）东吴证券债券承销部的小蒋参与了首批创新创业可转换公司债券"17伏泰转"的全部过程。

对于首批的来之不易，小蒋深有体会，"我非常幸运能参与国内首批创新创业可转换公司债券项目。可转条款的制定尚无先例可寻，"十一"假期期间，我作为项目组成员参与到如何完善条款及申报材料的讨论之中。每一次讨论，大家都情绪高涨、踊跃发言，如何寻找发行人和投资者之间的平衡点，是成员们激烈讨论的焦点。项目组为伏泰科技量身定制的可转债条款既参照了上市公司可转债的条款，又考虑到新三板公司的自身特点，兼顾到发行人和投资者的需求，与新三板的密切合作，还需要保持和上海证券交易所、股转系统的及时沟通"。

最终，小蒋所在项目组经过国庆假期通宵达旦地连续作战，不断调整方案，对项目材料反复修改、字斟句酌，在中国证监会、上海证券交易所和股转系统的指导下，设计出了让投资者和发行人都满意的转股条款，并且也得到了中国证监会、上海证券交易所和股转系统的认可。

"一个成功的可转债方案一定要兼顾发行人、投资者和监管者多方的利益诉求"，小蒋的个人体会很深。她同时表示，"通过参与首批创新创业可转换公司债券项目，我确实体会到创新创业可转换公司债券具有其独特的魅力，一方面有助于拓宽企业的融资渠道，丰富融资方式，降低融资成本，并通过标准化的融资工具规范创新创业公司融资行为，提高公司治理水平；另一方面可为投资者带来更多的投资选择和退出渠道，增强创新创业公司债券的市场吸引力。"小蒋的个人体会很有说服力。

（三）东吴证券债券承销部的小陈与担保机构打交道较多，她认为，普通创新创业公司债券融资的最大难点是落实担保。

对于大部分创新创业公司债券的发行人来说，由于公司规模较小，自身很难达到 AA 及以上的主体评级，在无担保的情况下，在直融市场上几乎无人问津。尤其作为民营企业要想发债，落实担保是一件非常重要的事情。对投资者来说，他们希望比较有实力的国有担保机构为企业提供担保；但对发行人来说，担保意味着将显著增加其融资成本，且担保机构对被担保对象的选择及风险的控制有着自己的一套标准，双方关于担保条款往往要经历多轮沟通和谈判。

小陈表示，"由于发行人都是创新创业型企业，企业发展规模不大，盈利情况也并非都很稳定，因此合作中与一般公司债相比，担保人的态度更加谨慎。"

整体来说，国资背景的担保公司与民营担保公司的风格还存在一定差异。一般情况下，主承销商偏向与发行人所在地的国资担保公司合作。在与当地的国资担保公司沟通过程中，在具体担保条款上，整体沟通一般会相对顺畅。一方面是由于双方都是当地企业，担保人对发行人的具体情况相对清楚；另一方面，国资担保公司长期从事类似的担保业务，与各金融机构的关系也相对密切，因此对业务特点及其操作流程相对熟悉，过往的相关经验对项目的顺利推进有很大帮助。如果要选择民营担保公司，从目前的操作案例来看，其沟通协调较国资担保公司而言会更加艰难。由于民营担保人对发行人情况不熟悉，民营担保公司在风险控制上更加谨慎，所以整体沟通时间较长。

从具体的担保内容来看，在担保协议中，民营担保公司会对担保双方的权利义务、担保范围、权利实现和约束、特殊情况等约定更加细致，有时会因双方都相对强势而导致沟通时间长达数周甚至数月。除此之外，民营担保方还会重点关注发行人的本息兑付时间及流程，特别关注发行人还款账户及担保方对发行人账户的控制力问题。

"在实际项目担保落实过程中，一般无法让所有参与方都百分之百满意，因此只有项目各方懂得'取舍'，才能保障整个项目的效率推进"，小陈表示。

（四）东吴证券债券承销部的小李，在参与民营新三板企业苏州旭杰建筑科技股份有限公司"17旭杰债"和"17旭杰转"等创新创业公司债券项目之前，主要参与的是城投企业公司债和国有证券公司公司债、短期融资券等。

他认为，"与债券市场主要的发行主体不同，创新创业公司债券的发行人主要是一些中小规模的创新创业公司，行业分散，业务较多元，融资渠道单一且有限，对于城投平台锦上添花的债券融资工具对创新创业公司来说无异于雪中送炭。此外，创新创业公司债券的尽调侧重点也和普通的城投平台有很大的差别。"

对此，小李体会很深，"由于之前大多接触城投企业，对于银行给予的百亿授信习以为常，如今见到了创新创业企业账面上少得可怜的借款额度，心里不免唏嘘。进一步访谈了解到，即使这寥寥的借款额度也是和银行软磨硬泡，用上全部抵押保证手段，在各种反担保措施如房产抵押、个人无限连带责任担保多管齐下才拿下的。"

通过承做创新创业公司债券，小李确确实实体会到中小创新创业公司生存的不易。

谈到对于创新创业公司债券的未来，小李表示谨慎乐观，"要想把创新创业公司债券规模做大，发行人是比较积极的，主要是如何提高券商参与的积极性。单靠目前几家券商的力量还不够，要让更多的证券公司参与进来，而这需要监管机构、地方政府部门提供一定的激励措施。目前创新创业公司债券业务已纳入证券公司分类评价体系，包括苏州市政府和深圳政府在内的几个地方政府出台了对于证券公司开展创新创业公司债券业务的支持政策。未来期待创新创业公司债券业务能够有更大的突破，成为交易所债券市场的又一重要力量，成为创新创业公司开展直接融资的有力工具。"

INNOVATION
ENTREPRENEURSHIP

附录2
《中国证监会关于开展创新
创业公司债券试点的
指导意见》

中国证券监督管理委员会公告

（〔2017〕10 号）

现公布《中国证监会关于开展创新创业公司债券试点的指导意见》，自公布之日起施行。

中国证监会

2017 年 7 月 4 日

附件：《中国证监会关于开展创新创业公司债券试点的指导意见》

中国证监会关于开展创新创业
公司债券试点的指导意见

为落实国家创新驱动发展战略，完善债券市场服务实体经济模式，支持创新创业，现就上海证券交易所、深圳证券交易所开展创新创业公司债券试点提出本指导意见。

一、总体要求

（一）指导思想

全面贯彻落实党的十八大和十八届三中、四中、五中、六中全会精神，深入学习贯彻习近平总书记系列重要讲话精神和治国理政新理念新思想新战略，牢固树立和贯彻落实新发展理念，加快实施创新驱动发展战略，充分发挥交易所债券市场支持高科技成长性企业发展、服务实体经济的积极作用，努力探索适合创新创业公司发展的债券市场服务支持新模式。

（二）基本原则

1. 遵循现有制度框架。创新创业公司债的发行、交易与信息披露，应当符合《公司法》《证券法》《公司债券发行与交易管理办法》和其他法律法规及部门规章的规定。

2. 立足市场需求。充分认识创新创业企业资本形成特点，有效适应创新创业企业、创业投资企业融资需求，借鉴成熟市场经验，在试点推进中有的放矢、有所侧重。

3. 加强政策引导。在现行公司债券规制框架下，完善创新创业公司债政策供给，有效对接和引导地方政府金融支持政策，营造优化创新创业企业金融服务良好环境。

4. 统筹协调，稳步推进。加强政府、企业和市场协作，整合各方优势，充分发挥证券公司中介机构职能，有效结合高新科技园区创新创业资源聚集优势，有序推动试点开展，积累经验后稳步推广。

（三）试点目标

通过开展创新创业公司债试点，推动资本市场精准服务创新创业，优化种子期、初创期、成长期的创新创业企业的资本形成机制，有效增加创新创业金融供给，完善金融供给结构，探索交易所债券市场服务实体经济新模式，促进资本市场更好地服务于供给侧结构性改革。

二、试点范围

（一）适用范围

本指导意见所称创新创业公司债，是指符合条件的创新创业企业、创业投资公司，依照《公司法》《证券法》《公司债券发行与交易管理办法》和其他法律法规及部门规章发行的公司债券。

创新创业公司，是指从事高新技术产品研发、生产和服务，或者具有创新业态、创新商业模式的中小型公司。创新创业公司发行创新创业公司债，应当就本公司创新创业特征作专项披露；债券承销机构应当依据以下规范性文件进行审慎筛查，就发行人是否具有创新创业特征发表明确意见：

1. 国家战略性新兴产业相关发展规划；

2. 《国务院关于印发〈中国制造 2025〉的通知》（国发〔2015〕28 号）及相关政策文件；

3. 国务院及相关部委出台的大众创业万众创新政策文件；

4. 国家及地方高新技术企业认定标准；

5. 其他创新创业相关政策文件。

创业投资公司，是指符合《私募投资基金监督管理暂行办法》《创业投资企业管理暂行办法》等有关规定，向创新创业企业进行股权投资的公司制创业投资基金和创业投资基金管理机构。发行创新创业公司债募集的资金应专项投资于种子期、初创期、成长期的创新创业公司的股权。

（二）重点支持对象

试点初期，重点支持以下公司发行创新创业公司债：

1. 注册或主要经营地在国家"双创"示范基地、全面创新改革试验区域、国家综合配套改革试验区、国家级经济技术开发区、国家高新技术产业园区和国家自主创新示范区等创新创业资源集聚区域内的公司；

2. 已纳入全国中小企业股份转让系统（新三板）创新层的挂牌公司。

中国证监会将及时总结试点工作成效，根据试点工作开展情况适时扩大试点范围。

三、制度安排

（一）实行专项审核

创新创业公司债受理及审核设立专项机制，实行"专人对接、专项审核"，适用"即报即审"政策，提高上市审核、挂牌转让条件确认工作效率。

（二）支持设置转股条款

非公开发行的创新创业公司债，可以附可转换成股份的条款。附可转换成股份条款的创新创业公司债，应当符合中国证监会相关监管规定。债券持有人行使转股权后，发行人股东人数不得超过 200 人。新三板挂牌公司发行的附可转换成股份条款的创新创业公司债，转换成挂牌公司股份时，减免股份登记费用及转换手续费。

证券交易所、全国中小企业股份转让系统公司、中国证券登记结算有限责任公司应制定相关配套规则。

（三）鼓励业务创新

支持和鼓励证券公司履行社会责任和行业责任，积极开展创新创业公司债中介服务，同时加强创新创业公司债理论研究和业务创新。包括但不限于：

1. 探索创新创业公司债增信机制创新。拓宽抵押、质押品范围，研究以发行人合法拥有的依法可以转让的股权，或者注册商标专用权、专利权、著作权等知识产权为创新创业公司债提供增信等措施。

2. 探索市场化手段有效防范和分散创新创业公司债信用风险。研究设置多样化的偿债保障条款，保持发行人偿债能力，包括控制权变更限制条款、核心资产划转限制条款、交叉违约条款、新增债务限制条款、支出限制条款等。

（四）完善激励机制

证券公司承销创新创业公司债的情况，作为证券公司分类评价中社会责任评价的重要内容。

中国证券业协会应建立创新创业公司债专项信息统计和评估机制，对证券经营机构开展创新创业公司债中介服务的工作成效进行考评。

四、保障措施

（一）加强统筹协调

中国证监会加强统筹协调指导，完善相关政策支持，加强监管，促进各方形成合力，营造金融服务创新创业的良好环境。

（二）推进配套机制建设

证券交易所应当对创新创业公司债进行统一标识，适时与证券指数编制机构合作发布创新创业公司债指数。加强创新创业公司债业务推广和政策培训，提升市场影响力。积极引导商业银行、保险机构、证券公司、证券投资基金等具备风险识别和承担能力的机构投资者依法合规投资创新创业公司债。加强配套产品和机制创新，研究发展信用违约互换等风险管理工具。

（三）加强政策对接和引导

主动对接辖区地方人民政府和高新科技园区，充分研究各地区、各园区现有科技金融支持政策，做好与创新创业公司债政策的对接，推动创新创业公司债纳入地方政府科技金融支持政策体系。

INNOVATION
ENTREPRENEURSHIP

附录 3
上海证券交易所《创新创业
公司非公开发行可转换公司
债券业务实施细则（试行）》

上交所关于发布《创新创业公司非公开发行可转换公司债券业务实施细则（试行）》的通知

上证发〔2017〕58 号

各市场参与人：

为落实创新驱动发展战略，发挥交易所债券市场服务实体经济的功能，支持创新创业，根据《中国证监会关于开展创新创业公司债券试点的指导意见》的规定，上海证券交易所、全国中小企业股份转让系统有限责任公司、中国证券登记结算有限责任公司制定了《创新创业公司非公开发行可转换公司债券业务实施细则（试行）》（详见附件），现予发布，请遵照执行。

特此通知。

附件：《创新创业公司非公开发行可转换公司债券业务实施细则（试行）》

上海证券交易所

全国中小企业股份转让系统有限责任公司

中国证券登记结算有限责任公司

2017 年 9 月 22 日

创新创业公司非公开发行可转换
公司债券业务实施细则

（试行）

第一章　总　　则

第一条　为支持创新创业公司发展，规范创新创业公司非公开发行可转换公司债券业务行为，促进公司债券市场健康发展，保护投资者合法权益，根据《公司债券发行与交易管理办法》《中国证监会关于开展创新创业公司债券试点的指导意见》（以下简称《指导意见》）、上海证券交易所（以下简称上交所）《非公开发行公司债券业务管理暂行办法》、全国中小企业股份转让系统有限责任公司（以下简称全国股转公司）《全国中小企业股份转让系统业务规则（试行）》、中国证券登记结算有限责任公司（以下简称中国结算）《非公开发行公司债券登记结算业务实施细则》等相关规定，制定本细则。

第二条　本细则所称创新创业公司，是指符合《指导意见》规定的创新创业公司。

本细则所称可转换公司债券（以下简称可转换债券），是指创新创业公司（以下简称发行人）依照法定程序非公开发行，在一定期间内依照约定的条件可以转换成公司股份的公司债券。

上海证券交易所《创新创业公司非公开发行可转换公司债券业务实施细则（试行）》

第三条 可转换债券申请在上交所挂牌转让的，发行人应当在可转换债券发行前按照相关规定向上交所提交挂牌转让申请文件，由上交所确认是否符合挂牌条件。

第四条 发行人为全国中小企业股份转让系统（以下简称全国股转系统）挂牌公司的，可转换债券发行时，应当属于创新层公司。上交所确认其是否符合挂牌转让条件时，向全国股转公司征询意见。

第五条 上交所为可转换债券提供挂牌转让及信息披露服务。

可转换债券在上交所挂牌转让，不表明上交所对发行人的经营风险、偿债风险、诉讼风险以及该债券的投资风险或收益等做出判断或者保证。可转换债券的投资风险，由投资者自行判断和承担。

第六条 发行人及其控股股东、实际控制人应当诚实守信，发行人的董事、监事、高级管理人员以及相关中介机构应当勤勉尽责，按照规定和约定履行义务，及时办理转股等事宜，维护债券持有人权利。

第二章　挂牌与转让

第七条 发行人申请可转换债券在上交所挂牌转让，除满足非公开发行公司债券挂牌转让条件外，还应当符合下列条件：

（一）发行人为股份有限公司；

（二）发行人股票未在证券交易所上市；

（三）可转换债券发行前，发行人股东人数不超过 200 人；

（四）可转换债券的存续期限不超过 6 年；

（五）上交所和全国股转公司规定的其他条件。

第八条 发行可转换债券并在上交所挂牌转让的，应当由董事会做出决议，并提交股东大会审议。股东大会做出决议应当经出席会议的股东所持表决权的三分之二以上通过。董事会、股东大会决议内容除符合非公开发行公司债券的一般性要求外，还应当包括以下事项：

（一）转股期及转股申报期安排；

（二）可转换债券转换为每股股份价格（以下简称转股价格）的确定和修正安排；

（三）向原股东的配售安排；

（四）无法转股的情形及利益补偿安排；

（五）其他按照法律法规及公司章程规定需要明确的事项。

发行人为全国股转系统挂牌公司的，还应当按照《全国中小企业股份转让系统挂牌公司信息披露细则（试行）》的规定披露董事会决议及股东大会决议。

第九条　可转换债券募集说明书除满足上交所非公开发行公司债券的相关规定外，还应当载明以下事项：

（一）发行人现有股东人数、前10大股东及其持股比例，以及未到期可转换债券的余额、期限和债券持有人等情况；

（二）转股价格及其确定方式；

（三）转股价格调整的原则及方式。因增资、送股、派息、分立及其他原因引起发行人股份变动的，应当同时调整转股价格；

（四）可转换债券转股时不足转换成一股的补偿方式；

（五）转股期及转股申报期安排；

（六）债券持有人及时掌握发行人股东人数及变化的信息披露安排；

（七）出现因股东人数超过200人等导致债券持有人无法转股及发行人拟申报首次公开发行股票等情形时，发行人对债券持有人的利益补偿安排，包括但不限于补偿措施触发情形及时点、补偿程序、补偿方式及具体安排等内容；

（八）契约条款的内容（如有）；

（九）上交所规定的其他内容。

发行人为全国股转系统挂牌公司的，募集说明书中约定的转股条款、募集资金用途等，应当符合全国股转公司关于股票发行的相关监管要求。

第十条 募集说明书约定转股价格向下修正的，修正转股价格时，应当提交发行人股东大会审议，并经出席会议的股东所持表决权的三分之二以上同意。

第十一条 可转换债券的转让及质押回购等事项按照上交所非公开发行公司债券的有关规定执行。

第十二条 发行人为全国股转系统挂牌公司的，如发生股票暂停转让情形的，应当同时向上交所申请可转换债券停牌；如发生股票恢复转让情形的，应当同时向上交所申请可转换债券复牌。

第三章 转　　股

第十三条 发行人申请转股时为全国股转系统挂牌公司的，应当委托主办券商代为办理转股业务。

发行人申请转股时为非全国股转系统挂牌公司的，应当委托受托管理人代为办理转股业务。受托管理人原则上应当由可转换债券的主承销商担任。

委托代理的权利义务等内容应当通过书面协议予以明确。

第十四条 可转换债券转股后股东人数不得超过200人。申报转股时，发行人股东人数超过 200 人的，债券持有人均不得申报转股。

转股申报期内，申请转股的债券持有人加上现有股东人数超过 200 人的，按转股申报的时间先后顺序进行部分转股，超过 200 人部分的转股申报不进行转股。债券持有人为发行人现有股东的，不受转股申报的时间先后顺序影响，按本细则规定的程序予以转股。

第十五条　可转换债券自发行结束之日起 6 个月后可以转股。每 3 个月可设置一次转股申报期，转股申报期不得少于 5 个交易日，不得多于 10 个交易日。

第十六条　转股申报期内，可转换债券持有人可以向上交所申请转股。发行人为全国股转系统挂牌公司的，可转换债券持有人申请转股前，应当开通全国股转系统合格投资者公开转让权限。

当日买入的可转换债券当日可以申报转股。当日申报转股的，当日收盘前可以撤销申报。

第十七条　上交所按照转股申报的时间先后顺序对可转换债券的转股申报进行记录，并将该记录发送中国结算。

第十八条　中国结算根据上交所发送的转股申报数据，对可转换债券持有人证券账户中的可转换债券份额予以冻结。可转换债券持有人申报转股的可转换债券数量大于其实际可用可转换债券余额的，中国结算按其实际可用的可转换债券余额予以冻结。

上交所将经中国结算确认的有效申报记录发送发行人。

第十九条　发行人为全国股转系统挂牌公司的，按以下流程办理可转换债券转股业务：

（一）发行人收到上交所发送的有效转股申报记录后，应当于 5 个交易日内通过其委托的主办券商向全国股转公司申请办理转股，

上海证券交易所《创新创业公司非公开发行可转换公司债券业务实施细则（试行）》

并提交以下材料：

1. 可转换债券转股申请报告。申请报告应当载明可转换债券的转股价格、触发转股的条件、申报转股的债券持有人情况和申报转股情况以及是否存在不得转股的情形；

2. 可转换债券转股明细表。转股明细表应当载明申报转股且符合转股条件的可转换债券持有人、转股价格、拟注销的可转换债券数量和拟办理新增股份登记的数量；

3. 主办券商及发行人律师应当对转股明细表内容的合法合规性和准确性出具意见。

（二）符合转股条件的，全国股转公司向发行人和中国结算出具转股登记确认函；不符合转股条件的，全国股转公司将相关结果通知发行人和中国结算。

（三）全国股转公司出具转股登记确认函的，中国结算对此前已做冻结处理的可转换债券份额进行记减；不符合转股条件的，中国结算对此前已做冻结处理的可转换债券份额解除冻结。

如因期间司法冻结、司法扣划等原因导致已冻结可转换债券份额部分记减失败的，中国结算按照实际可记减份额予以记减；对于已冻结可转换债券份额全部记减失败的，中国结算对该笔转股申报做失败处理。

（四）发行人应当于收到全国股转公司出具的转股登记确认函后，向中国结算申请办理股份登记。

可转换债券份额不存在记减失败情况的，中国结算根据发行人提交的股份登记申请，按照新增股份登记相关规定办理转股股份登记；可转换债券份额存在部分记减失败情况的，发行人应当按照前款第（一）、（二）、（四）项程序重新办理转股。

（五）发行人应当委托主办券商将可转换债券的记减和转股情况，及时告知可转换债券的受托管理人和主承销商。

第二十条 发行人为非全国股转系统挂牌公司的，按以下流程办理可转换债券转股业务：

（一）发行人收到上交所发送的有效转股申报记录后，应当于5个交易日内通过其委托的受托管理人向上交所申请办理转股，并参照本细则第十九条第（一）项的规定提交申请材料。

（二）上交所收到申请材料后，由中国结算将可转换债券持有人证券账户中的可转换债券份额进行记减。如因期间司法冻结、司法扣划等原因导致已冻结可转换债券份额部分记减失败的，中国结算按照实际可记减份额予以记减；对于已冻结可转换债券份额全部记减失败的，中国结算对该笔转股申报做失败处理。

（三）上交所将可转换债券持有人最终债券份额记减结果通知发行人，由发行人与债券持有人按照有关规定向工商行政管理部门或其他相关部门办理股份登记。

（四）股份登记失败且债券仍在存续期的，发行人、受托管理人应当向上交所及中国结算提出恢复已记减债券份额的登记申请。

可转换债券份额记减至恢复期间，债券持有人继续享有相关权利。发行人应当及时维护该部分债券份额持有人名册，并按照相关法律法规的规定和募集说明书的约定，持续履行相关义务。

第二十一条 可转换债券转股时不足转换成一股的部分，应当按照募集说明书约定的方式处置。

约定采取现金补偿的，发行人可委托中国结算向可转换债券持有人派发不足转换一股部分的补偿资金。发行人应当事先将相关资金足额存入中国结算指定的银行账户。中国结算收到发行人足额划拨的补偿资金后，通过结算参与人派发给可转换债券持有人。

第二十二条　出现下列情形之一时，发行人应当向上交所申请暂停可转换债券的转股，待相关情形消除后申请恢复转股：

（一）发行人股东人数超过 200 人；

（二）出现其他影响可转换债券转股的情形；

（三）上交所认为需要暂停转股的其他情形。

第四章　信息披露及持续性义务

第二十三条　发行人及其他信息披露义务人应当按照上交所的有关规定，以及募集说明书的约定履行信息披露义务。

发行人为全国股转系统挂牌公司的，发行人及其他信息披露义务人还应当按照全国股转公司的有关规定履行信息披露义务。

第二十四条　发行人披露的年度报告和中期报告除符合上交所、全国股转公司的有关规定外，还应当包括以下内容：

（一）股东人数和前 10 大股东持股比例；

（二）转股价格及其历次调整或者修正情况；

（三）可转换债券发行后累计转股情况；

（四）前十名可转换债券持有人的名单和持有量；

（五）可转换债券赎回和回售情况（如有）；

（六）募集说明书约定的契约条款履行情况（如有）；

（七）上交所规定的其他事项。

第二十五条　发行人除按照有关规定履行临时信息披露义务外，

出现以下情形时，发行人应当及时向上交所提交并披露临时报告：

（一）因增资、送股、派息、分立及其他原因引起股份变动，需要调整转股价格，或者依据募集说明书约定的转股价格修正条款向下修正转股价格；

（二）发行人发生股份被暂停转让或者终止转让等重大变化；

（三）可转换债券转换为股票的数额累计达到可转换债券开始转股前公司股份总额的10%；

（四）发生可能导致债券持有人无法转股的情形；

（五）触发募集说明书约定的契约条款；

（六）可能对可转换债券转让价格或者对投资者做出投资决策产生较大影响的其他重大事项；

（七）上交所规定的其他情形。

发行人为全国股转系统挂牌公司的，应当同时于全国股转公司指定信息平台披露上述内容。

第二十六条 发行人为全国股转系统挂牌公司的，可转换债券持有人因行使转股权增持发行人股份的，或者导致发行人第一大股东或实际控制权发生变化的，相关当事人应当履行《非上市公众公司收购管理办法》规定的信息披露义务及其他义务。

发行人为非全国股转系统挂牌公司的，因转股导致发行人第一大股东或者实际控制权发生变化的，发行人及其他信息披露义务人应当履行信息披露义务。

第二十七条 发行人应当在可转换债券进入转股申报期前10个交易日向上交所提交并披露转股公告，并在转股申报期结束前3个交易日至少披露3次提示性公告。公告应当包括可转换债券的基本情况、转股申报起止时间、转股程序、转股价格的历次调整和修正情况等内容。

第二十八条 发行人应当在每次新增股份登记完成后 2 个交易日内于上交所披露转股实施结果公告。公告应当包括转股前后可转换债券数量、股东人数、总股本、前 10 大股东以及持股 10% 以上股东的变化情况等内容。

发行人为全国股转系统挂牌公司的，应当同时于全国股转公司指定信息披露平台披露转股实施结果公告。

第五章　附　则

第二十九条 发行人为有限责任公司且符合《公司法》、公司章程规定的，参照本细则的规定申请可转换债券在上交所挂牌转让。

第三十条 本细则未作规定的其他事宜，适用上交所、全国股转公司、中国结算有关业务规则的规定。

第三十一条 可转换债券发行人及其控股股东、实际控制人、承销机构、主办券商、受托管理人、投资者等市场主体及其相关人员违反本细则的，上交所、全国股转公司可以按照有关业务规则实施相关监管措施或者纪律处分。

第三十二条 本细则由上交所、全国股转公司及中国结算负责解释。

第三十三条 本细则自发布之日起施行。

INNOVATION
ENTREPRENEURSHIP

附录 4
深圳证券交易所《创新创业
公司非公开发行可转换公司
债券业务实施细则（试行）》

深交所关于发布《创新创业公司非公开发行可转换公司债券业务实施细则（试行）》的通知

深证会〔2017〕306 号

各市场参与人：

为落实创新驱动发展战略，发挥交易所债券市场服务实体经济作用，积极支持创新创业，根据《中国证监会关于开展创新创业公司债券试点的指导意见》（证监会公告〔2017〕10 号）的规定，深圳证券交易所、全国中小企业股份转让系统有限责任公司、中国证券登记结算有限责任公司联合制定了《创新创业公司非公开发行可转换公司债券业务实施细则（试行）》（内容详见附件），现予发布，请遵照执行。

特此通知

附件：《创新创业公司非公开发行可转换公司债券业务实施细则（试行）》

深圳证券交易所

全国中小企业股份转让系统有限责任公司

中国证券登记结算有限责任公司

2017 年 9 月 22 日

创新创业公司非公开发行可转换
公司债券业务实施细则

（试行）

第一章　总　　则

第一条　为支持创新创业公司发展，规范创新创业公司非公开发行可转换公司债券业务行为，促进公司债券市场健康发展，保护投资者合法权益，根据《公司债券发行与交易管理办法》《中国证监会关于开展创新创业公司债券试点的指导意见》（以下简称《指导意见》）、深圳证券交易所（以下简称深交所）《非公开发行公司债券业务管理暂行办法》、全国中小企业股份转让系统有限责任公司（以下简称全国股转公司）《全国中小企业股份转让系统业务规则（试行）》、中国证券登记结算有限责任公司（以下简称中国结算）《非公开发行公司债券登记结算业务实施细则》等相关规定，制定本细则。

第二条　本细则所称创新创业公司，是指符合《指导意见》规定的创新创业公司。

本细则所称可转换公司债券（以下简称可转换债券），是指创新创业公司（以下简称发行人）依照法定程序非公开发行，在一定期间内依照约定的条件可以转换成公司股份的公司债券。

深圳证券交易所《创新创业公司非公开发行可转换公司债券业务实施细则（试行）》

第三条 可转换债券申请在深交所转让的，发行人应当在可转换债券发行前按照相关规定向深交所提交转让申请文件，由深交所确认是否符合转让条件。

第四条 发行人为全国中小企业股份转让系统（以下简称全国股转系统）挂牌公司的，可转换债券发行时，应当属于创新层公司。深交所确认其是否符合转让条件时，向全国股转公司征询意见。

第五条 深交所为可转换债券提供转让及信息披露服务。

可转换债券在深交所转让，不表明深交所对发行人的经营风险、偿债风险、诉讼风险以及该债券的投资风险或收益等做出判断或者保证。可转换债券的投资风险，由投资者自行判断和承担。

第六条 发行人及其控股股东、实际控制人应当诚实守信，发行人的董事、监事、高级管理人员以及相关中介机构应当勤勉尽责，按照规定和约定履行义务，及时办理转股等事宜，维护债券持有人权利。

第二章 转 让 服 务

第七条 发行人申请可转换债券在深交所转让，除满足非公开发行公司债券转让条件外，还应当符合下列条件：

（一）发行人为股份有限公司；

（二）发行人股票未在证券交易所上市；

（三）可转换债券发行前，发行人股东人数不超过 200 人；

（四）可转换债券的存续期限不超过 6 年；

（五）深交所和全国股转公司规定的其他条件。

第八条 发行可转换债券并在深交所转让的，应当由董事会做出决议，并提交股东大会审议。股东大会做出决议应当经出席会议的股东所持表决权的三分之二以上通过。董事会、股东大会决议内容除符合非公开发行公司债券的一般性要求外，还应当包括以下事项：

（一）转股期及转股申报期安排；

（二）可转换债券转换为每股股份价格（以下简称转股价格）的确定和修正安排；

（三）向原股东的配售安排；

（四）无法转股的情形及利益补偿安排；

（五）其他按照法律法规及公司章程规定需要明确的事项。

发行人为全国股转系统挂牌公司的，还应当按照《全国中小企业股份转让系统挂牌公司信息披露细则（试行）》的规定披露董事会决议及股东大会决议。

第九条　可转换债券募集说明书除满足深交所非公开发行公司债券的相关规定外，还应当载明以下事项：

（一）发行人现有股东人数、前10大股东及其持股比例，以及未到期可转换债券的余额、期限和债券持有人等情况；

（二）转股价格及其确定方式；

（三）转股价格调整的原则及方式。因增资、送股、派息、分立及其他原因引起发行人股份变动的，应当同时调整转股价格；

（四）可转换债券转股时不足转换成一股的补偿方式；

（五）转股期及转股申报期安排；

（六）债券持有人及时掌握发行人股东人数及变化的信息披露安排；

（七）出现因股东人数超过200人等导致债券持有人无法转股及

发行人拟申报首次公开发行股票等情形时，发行人对债券持有人的利益补偿安排，包括但不限于补偿措施触发情形及时点、补偿程序、补偿方式及具体安排等内容；

（八）契约条款的内容（如有）；

（九）深交所规定的其他内容。

发行人为全国股转系统挂牌公司的，募集说明书中约定的转股条款、募集资金用途等，应当符合全国股转公司关于股票发行的相关监管要求。

第十条 募集说明书约定转股价格向下修正的，修正转股价格时，应当提交发行人股东大会审议，并经出席会议的股东所持表决权的三分之二以上同意。

第十一条 可转换债券的转让及质押回购等事项按照深交所非公开发行公司债券的有关规定执行。

第十二条 发行人为全国股转系统挂牌公司的，如发生股票暂停转让情形的，应当同时向深交所申请可转换债券停牌；如发生股票恢复转让情形的，应当同时向深交所申请可转换债券复牌。

第三章　转　　股

第十三条 发行人申请转股时为全国股转系统挂牌公司的，应当委托主办券商代为办理转股业务。

发行人申请转股时为非全国股转系统挂牌公司的，应当委托受托管理人代为办理转股业务。受托管理人原则上应当由可转换债券的主承销商担任。

委托代理的权利义务等内容应当通过书面协议予以明确。

第十四条　可转换债券转股后股东人数不得超过200人。申报转股时，发行人股东人数超过200人的，债券持有人均不得申报转股。

转股申报期内，申请转股的债券持有人加上现有股东人数超过200人的，按转股申报的时间先后顺序进行部分转股，超过200人部分的转股申报不进行转股。债券持有人为发行人现有股东的，不受转股申报的时间先后顺序影响，按本细则规定的程序予以转股。

第十五条　可转换债券自发行结束之日起6个月后可以转股。每3个月可设置一次转股申报期，转股申报期不得少于5个交易日，不得多于10个交易日。

第十六条　转股申报期内，可转换债券持有人可以向深交所申请转股。发行人为全国股转系统挂牌公司的，可转换债券持有人申请转股前，应当开通全国股转系统合格投资者公开转让权限。

当日买入的可转换债券当日可以申报转股。当日申报转股的，当日收盘前可以撤销申报。

第十七条　深交所按照转股申报的时间先后顺序对可转换债券的转股申报进行记录，并将该记录发送中国结算。

第十八条　中国结算根据深交所发送的转股申报数据，对可转换债券持有人证券账户中的可转换债券份额予以冻结。可转换债券持有人申报转股的可转换债券数量大于其实际可用可转换债券余额的，中国结算按其实际可用的可转换债券余额予以冻结。

深交所将经中国结算确认的有效申报记录发送发行人。

第十九条　发行人为全国股转系统挂牌公司的，按以下流程办理可转换债券转股业务：

深圳证券交易所《创新创业公司非公开发行可转换公司债券业务实施细则（试行)》

（一）发行人收到深交所发送的有效转股申报记录后，应当于5个交易日内通过其委托的主办券商向全国股转公司申请办理转股，并提交以下材料：

1. 可转换债券转股申请报告。申请报告应当载明可转换债券的转股价格、触发转股的条件、申报转股的债券持有人情况和申报转股情况以及是否存在不得转股的情形；

2. 可转换债券转股明细表。转股明细表应当载明申报转股且符合转股条件的可转换债券持有人、转股价格、拟注销的可转换债券数量和拟办理新增股份登记的数量；

3. 主办券商及发行人律师应当对转股明细表内容的合法合规性和准确性出具意见。

（二）符合转股条件的，全国股转公司向发行人和中国结算出具转股登记确认函；不符合转股条件的，全国股转公司将相关结果通知发行人和中国结算。

（三）全国股转公司出具转股登记确认函的，中国结算对此前已做冻结处理的可转换债券份额进行记减；不符合转股条件的，中国结算对此前已做冻结处理的可转换债券份额解除冻结。

如因期间司法冻结、司法扣划等原因导致已冻结可转换债券份额部分记减失败的，中国结算按照实际可记减份额予以记减；对于已冻结可转换债券份额全部记减失败的，中国结算对该笔转股申报做失败处理。

（四）发行人应当于收到全国股转公司出具的转股登记确认函后，向中国结算申请办理股份登记。

可转换债券份额不存在记减失败情况的，中国结算根据发行人提交的股份登记申请，按照新增股份登记相关规定办理转股股份登记；可转换债券份额存在部分记减失败情况的，发行人应当按照前款第（一）、（二）、（四）项程序重新办理转股。

（五）发行人应当委托主办券商将可转换债券的记减和转股情况，及时告知可转换债券的受托管理人和主承销商。

第二十条　发行人为非全国股转系统挂牌公司的，按以下流程办理可转换债券转股业务：

（一）发行人收到深交所发送的有效转股申报记录后，应当于5个交易日内通过其委托的受托管理人向深交所申请办理转股，并参照本细则第十九条第（一）项的规定提交申请材料。

（二）深交所收到申请材料后，由中国结算将可转换债券持有人证券账户中的可转换债券份额进行记减。如因期间司法冻结、司法扣划等原因导致已冻结可转换债券份额部分记减失败的，中国结算按照实际可记减份额予以记减；对于已冻结可转换债券份额全部记减失败的，中国结算对该笔转股申报做失败处理。

（三）深交所将可转换债券持有人最终债券份额记减结果通知发行人，由发行人与债券持有人按照有关规定向工商行政管理部门或其他相关部门办理股份登记。

（四）股份登记失败且债券仍在存续期的，发行人、受托管理人应当向深交所及中国结算提出恢复已记减债券份额的登记申请。

可转换债券份额记减至恢复期间，债券持有人继续享有相关权利。发行人应当及时维护该部分债券份额持有人名册，并按照相关法律法规的规定和募集说明书的约定，持续履行相关义务。

第二十一条　可转换债券转股时不足转换成一股的部分，应当

深圳证券交易所《创新创业公司非公开发行可转换公司债券业务实施细则（试行）》

按照募集说明书约定的方式处置。

约定采取现金补偿的，发行人可委托中国结算向可转换债券持有人派发不足转换一股部分的补偿资金。发行人应当事先将相关资金足额存入中国结算指定的银行账户。中国结算收到发行人足额划拨的补偿资金后，通过结算参与人派发给可转换债券持有人。

第二十二条　出现下列情形之一时，发行人应当向深交所申请暂停可转换债券的转股，待相关情形消除后申请恢复转股：

（一）发行人股东人数超过 200 人；

（二）出现其他影响可转换债券转股的情形；

（三）深交所认为需要暂停转股的其他情形。

第四章　信息披露及持续性义务

第二十三条　发行人及其他信息披露义务人应当按照深交所的有关规定，以及募集说明书的约定履行信息披露义务。

发行人为全国股转系统挂牌公司的，发行人及其他信息披露义务人还应当按照全国股转公司的有关规定履行信息披露义务。

第二十四条　发行人披露的年度报告和中期报告除符合深交所、全国股转公司的有关规定外，还应当包括以下内容：

（一）股东人数和前 10 大股东持股比例；

（二）转股价格及其历次调整或者修正情况；

（三）可转换债券发行后累计转股情况；

（四）前十名可转换债券持有人的名单和持有量；

（五）可转换债券赎回和回售情况（如有）；

（六）募集说明书约定的契约条款履行情况（如有）；

（七）深交所规定的其他事项。

第二十五条 发行人除按照有关规定履行临时信息披露义务外，出现以下情形时，发行人应当及时向深交所提交并披露临时报告：

（一）因增资、送股、派息、分立及其他原因引起股份变动，需要调整转股价格，或者依据募集说明书约定的转股价格修正条款向下修正转股价格；

（二）发行人发生股份被暂停转让或者终止转让等重大变化；

（三）可转换债券转换为股票的数额累计达到可转换债券开始转股前公司股份总额的 10%；

（四）发生可能导致债券持有人无法转股的情形；

（五）触发募集说明书约定的契约条款；

（六）可能对可转换债券转让价格或者对投资者做出投资决策产生较大影响的其他重大事项；

（七）深交所规定的其他情形。

发行人为全国股转系统挂牌公司的，应当同时于全国股转公司指定信息平台披露上述内容。

第二十六条 发行人为全国股转系统挂牌公司的，可转换债券持有人因行使转股权增持发行人股份的，或者导致发行人第一大股东或实际控制权发生变化的，相关当事人应当履行《非上市公众公司收购管理办法》规定的信息披露义务及其他义务。

发行人为非全国股转系统挂牌公司的，因转股导致发行人第一大股东或者实际控制权发生变化的，发行人及其他信息披露义务人应当履行信息披露义务。

第二十七条 发行人应当在可转换债券进入转股申报期前 10 个

交易日向深交所提交并披露转股公告，并在转股申报期结束前 3 个交易日至少披露 3 次提示性公告。公告应当包括可转换债券的基本情况、转股申报起止时间、转股程序、转股价格的历次调整和修正情况等内容。

第二十八条 发行人应当在每次新增股份登记完成后 2 个交易日内于深交所披露转股实施结果公告。公告应当包括转股前后可转换债券数量、股东人数、总股本、前 10 大股东以及持股 10% 以上股东的变化情况等内容。

发行人为全国股转系统挂牌公司的，应当同时于全国股转公司指定信息披露平台披露转股实施结果公告。

第五章　附　　则

第二十九条 发行人为有限责任公司且符合《公司法》、公司章程规定的，参照本细则的规定申请可转换债券在深交所转让。

第三十条 本细则未作规定的其他事宜，适用深交所、全国股转公司、中国结算有关业务规则的规定。

第三十一条 可转换债券发行人及其控股股东、实际控制人、承销机构、主办券商、受托管理人、投资者等市场主体及其相关人员违反本细则的，深交所、全国股转公司可以按照有关业务规则实施相关监管措施或者纪律处分。

第三十二条 本细则由深交所、全国股转公司及中国结算负责解释。

第三十三条 本细则自发布之日起施行。

INNOVATION
ENTREPRENEURSHIP

附录 5
苏州市人民政府《关于进一步
促进金融支持制造业企业的
工作意见》

苏州市政府印发关于进一步促进金融支持制造业企业的工作意见的通知

苏府〔2017〕72号

各市、区人民政府，苏州工业园区、苏州高新区管委会；市各委办局，各直属单位：

《关于进一步促进金融支持制造业企业的工作意见》已经市政府第10次常务会议审议通过，现印发给你们，请结合实际，认真贯彻执行。

苏州市人民政府

2017年6月22日

关于进一步促进金融支持制造业企业的工作意见

为贯彻落实《国务院办公厅关于金融支持经济结构调整和转型升级的指导意见》（国办发〔2013〕67号）、《省政府关于金融支持

制造业发展的若干意见》（苏政发〔2016〕122 号），紧紧围绕打造
具有国际竞争力的先进制造业基地的目标，加大金融对供给侧结构
性改革的支持力度，为制造业企业实现转型升级和创新发展提供稳
定有效的金融支持，现提出以下工作意见。

一、总体思路

立足制造业企业发展需求，充分发挥市场主导作用，政府通过
搭建平台、聚合资源，引导和推动金融创新服务制造业企业，构建
"一个平台、两大系统、多措并举"的制造业金融支持体系，即以苏
州综合金融服务平台为依托，以工业企业资源集约利用信息系统和
地方企业征信系统为支撑，重点推动十一项金融服务工具的运用，
全方位支持制造业企业转型升级和创新发展过程中的多样化金融需
求，加快推进供给侧结构性改革步伐。

二、建设目标

打造支持制造业企业全生命周期的金融服务机制和模式，形成
银行、证券、投资、保险、信托、融资租赁等多元金融服务手段综
合运用的格局，全面提升金融服务制造业的综合能力，支持各成长
阶段的制造业企业融资发展。实现每年制造业贷款余额增速不低于
全省平均水平，保持制造业贷款余额占全部对公贷款余额的比重稳
定在30%左右，并力争有所提升。每年新增新三板挂牌企业和上市
企业中制造业企业占比不低于50%。

苏州市人民政府《关于进一步促进金融支持制造业企业的工作意见》

三、重点任务

（一）深化苏州综合金融服务平台建设，拓宽制造业企业融资渠道。

深入实施《苏州市金融支持企业自主创新行动计划》。将苏州综合金融服务平台打造为集银行、保险、担保、融资租赁、证券、创投、基金等多元化、多层次、多渠道、多功能的"债权＋股权"融资对接综合服务平台。以此为依托，由市经信委、金融主管部门联合建立先进制造业企业名单库，并纳入平台服务，为入库企业开辟服务绿色通道，鼓励金融机构落实重点领域制造业企业差别化信贷政策，实现制造业企业金融服务提质增效。充分发挥政府引导作用，每季度组织开展专题性、特色化的银企对接活动、融资洽谈活动，精准落实制造业企业资金、资本支持。

（二）加强企业信息系统服务应用，改善制造业企业融资环境。

充分利用工业资源集约利用系统和地方企业征信系统的综合评价结果，以大数据为支撑，根据不同类型制造业的特征，摸排制造业企业有效融资需求，构建服务于制造业融资模式的信息辅助决策体系。推进面向制造业企业资源集约利用和信用评估体系的升级完善，向金融机构推送先进制造业优质企业。鼓励金融机构利用工业企业资源集约信息系统和地方企业征信系统为苏州制造业提供高效便捷的普惠金融服务。

（三）推动金融资源整合创新，丰富制造业企业金融服务工具。

1. 积极向上争取国家各项资金支持。根据全市工业发展规划，加强制造业重点领域优质项目的储备工作，与各级部门加强密切联系与合作，进一步加大先进制造业领域国家各项资金争取力度，有效引导资金定点投放，为重大项目提供高效率、低成本的资金支持，助推先进制造业转型升级。

2. 加大制造业企业信贷投放力度。进一步推动全市银行业金融机构加强"金融支持制造业提质增效示范工程"建设，紧密围绕制造业重点领域，完善信贷管理机制，科学应用工业企业资源集约利用综合评价结果，落实差别化信贷政策，加大优先发展类（A类）、支持发展类（B类）企业的信贷支持。进一步加大对重大技术改造项目的信贷支持，支持传统产业改造升级项目。创新制造业企业信贷产品和服务方式，力争形成"一行一品牌"的制造业金融产品体系。完善贷款利率定价机制，在扩大贷款投放的同时，有效控制制造业企业融资成本。

3. 完善制造业企业信贷风险分担机制。在有效管控风险的基础上，通过完善信贷风险分担机制，减少金融机构对企业担保、抵押物的依赖。扩大和完善科技信贷风险补偿范畴和机制，加大科技型中小微制造业企业信贷、保险、担保、投资等补偿力度和覆盖面。充分利用苏州信用保证基金，优化"信保贷"产品，对经信委、科技局、商务局认定的制造业重点支持企业或项目，给予适当费率优惠和补贴。大力发展融资租赁业务，鼓励融资租赁公司参与合作"信保租"产品，加大"信保租"产品推广应用，充分发挥支持企业融资融物的双重功能。

4. 健全制造业企业转贷机制。指导银行积极创新转贷续贷方式，清理不必要的"过桥"环节。将各县（市、区）转贷资金池纳入综合金融服务平台，进一步加强对小微制造业企业的转贷支持，同时研究利用国有资金、保险资金和社会资金合作充实转贷资金池，帮助制造业企业缓解资金周转困难，降低企业财务成本。

5. 积极探索投贷联动业务。充分运用苏州投贷联动引导基金，鼓励各银行业金融机构积极探索开展投贷联动业务，为高成长性制造业企业创新活动提供股权、债权相结合的融资服务方式。鼓励国有资金、保险资金和社会资金设立投贷联动基金，与银行创新业务合作模式，共同推动投贷联动支持制造业企业融资发展。

6. 加大保险对制造业支持力度。鼓励保险公司运用险资以股权、债权、基金等多种方式为制造业企业提供资金支持。加大科技保险的推广运用，支持制造业企业开展技术研发，提高企业自主研发能力和水平，推动重大科技成果转化和产业化。积极落实首台（套）重大技术装备保险试点工作，加快重大装备首台（套）的推广应用，促进产业转型升级。进一步鼓励保险公司发展财产保险、专利保险、安全生产责任险等业务，为制造业企业提供多方面的风险保障。推动制造业领域保险制度置换保证金制度。进一步完善制造业企业保费补贴机制，降低投保企业负担，引导企业主动运用保险工具防范化解风险。

7. 继续推进融资担保服务制造业企业。支持融资担保机构为制造业企业提供融资担保，对低费率、单户单笔500万元以下制造业企业担保业务给予担保额5‰的补贴。对为科技型企业、专精特新企业提供低费率、单户贷款500万元以下的担保业务再增加5‰的补贴。

8. 提高制造业企业直接融资比重。加大苏州天使投资引导资金对投资机构投资初创型科技型企业的引导力度。加强苏州新兴产业创业投资引导基金对制造业重点领域的投资引导。积极引导和支持制造业重点领域符合条件的企业发行公司债、企业债、短期融资券、中期票据等。对成功发行"双创债"的企业，按实际融资规模给予2%以内、最高100万元的发行费用支持，对支持企业发行"双创债"且在苏有分支机构的证券公司，按实际融资规模给予1%以内、最高30万元奖励，鼓励优质制造业企业创新发展。支持制造业企业通过IPO上市、新三板挂牌融资，拓宽企业股权融资渠道。对成功上市的企业给予每家50万元奖励，对挂牌新三板的企业给予每家30万元补助。

9. 支持制造业企业兼并重组。充分发挥苏州并购引导基金的作用，研究在高端装备制造、新一代电子信息、新材料等制造业重点领域设立专业并购基金，吸引和支持股权投资基金、产业投资基金、证券公司、资产管理公司等合作参与制造业企业兼并重组，助力龙头型制造业企业实现产业链扩张，从而实现行业整合和布局调整优化。

10. 支持制造业企业"走出去"。重点加大对列入跨国公司外汇资金集中运营管理试点和人民币双向资金池试点的制造业企业支持力度，积极扩大试点范围，落实保费补贴，切实降低企业财务成本、提高资金使用效率、盘活境内外资金。鼓励进一步扩大短期出口信用保险规模，对企业投保短期货物贸易出口信用保险，按当年实缴保费奖励30%。发挥好中长期出口信用保险的风险保障措施，扩大保险覆盖面，实现大型成套设备出口融资应保尽保，带动优势产能"走出去"，对企业在"走出去"过程中为大型成套设备出口或承接境外总承包、"交钥匙"工程项目而投保中长期出口信用保险以及海外投资保险、租赁保险的，按当年实际支付保费的20%给予奖励。

11. 稳妥有序分类处置困难企业。贯彻落实中央推进供给侧结构性改革政策精神，切实发挥债委会作用，按照"一企一策、分类施策"的原则，积极支持重点行业和领域、有发展前景、技术先进制造业企业的信贷需求，对暂时性经营困难的企业稳定预期、稳定信贷、稳定支持，做到增贷有度、稳贷有力、减贷有理。同时，充分发挥资产管理公司不良资产处置、债权债务重组等功能，稳妥有序推动"僵尸企业"平稳退出市场。

四、保障措施

（一）加强沟通协调。市政府金融办、市经信委、市发改委、市科技局、市财政局、市商务局、人民银行苏州市中心支行、苏州银监分局、苏州保监分局要根据各自职能，创新工作思路，加强部门沟通，认真抓好落实，共同推动各项工作任务有序推进。

（二）加强资金保障。加大财政资金支持力度，为制造业企业转型发展提供保障。充分发挥财政资金引导作用，确保各项奖补政策落实到位。

（三）加强宣传引导。加大对政策的宣传力度，加强苏州综合金融服务平台、工业企业资源集约利用信息系统和地方企业征信系统的推广应用，让更多制造业企业和金融机构知晓平台、用好平台，更大力度地提升服务企业的功能。

INNOVATION
ENTREPRENEURSHIP

附录 6
国家高新技术产业开发区、
大众创业万众创新示范基地、
国家自主创新示范区

一、国家高新技术产业开发区

截至 2018 年 3 月 10 日，经国务院批准成立的国家高新技术产业开发区共有 168 家，具体如下：

北京市（1个）	中关村科技园区	
上海市（2个）	上海市张江高科技园区	上海紫竹高新技术产业开发区
天津市（1个）	天津滨海高新技术产业开发区	
黑龙江省（3个）	哈尔滨高新技术产业开发区	齐齐哈尔高新技术产业开发区
	大庆高新技术产业开发区	
吉林省（5个）	长春高新技术产业开发区	长春净月高新技术产业开发区
	延吉高新技术产业开发区	通化医药高新技术产业开发区
	吉林高新技术产业开发区	
辽宁省（8个）	沈阳高新技术产业开发区	辽阳高新技术产业开发区
	大连高新技术产业开发区	本溪高新技术产业开发区
	鞍山高新技术产业开发区	阜新高新技术产业开发区
	营口高新技术产业开发区	锦州高新技术产业开发区
河北省（5个）	石家庄高新技术产业开发区	燕郊高新技术产业开发区
	保定国家高新技术产业开发区	承德高新技术产业开发区
	唐山高新技术产业开发区	

续表

内蒙古自治区（3个）	包头稀土高新技术产业开发区	呼和浩特金山高新技术产业开发区
	鄂尔多斯高新技术产业园区	
河南省（7个）	郑州高新技术产业开发区	南阳高新技术产业开发区
	洛阳高新技术产业开发区	新乡高新技术产业开发区
	安阳高新技术产业开发区	平顶山高新技术产业开发区
	焦作高新技术产业开发区	
山东省（11个）	济南高新技术产业开发区	济宁高新技术产业开发区
	威海火炬高技术产业开发区	烟台高新技术产业开发区
	青岛高新技术产业开发区	临沂高新技术产业开发区
	潍坊高新技术产业开发区	泰安高新技术产业开发区
	淄博高新技术产业开发区	枣庄高新技术产业开发区
	莱芜高新技术产业开发区	
山西省（2个）	太原国家高新技术产业开发区	长治国家高新技术产业开发区
陕西省（7个）	西安高新技术产业开发区	渭南高新技术产业开发区
	宝鸡高新技术产业开发区	榆林高新技术产业开发区
	杨凌农业高新技术产业示范区	咸阳高新技术产业开发区
	安康高新技术产业开发区	
江苏省（17个）	南京国家高新技术产业开发区	江阴高新技术产业开发区
	苏州国家高新技术产业开发区	徐州国家高新技术产业开发区
	无锡国家高新技术产业开发区	武进高新技术产业开发区
	常州国家高新技术产业开发区	南通高新技术产业开发区
	泰州医药高新技术产业开发区	镇江高新技术产业开发区
	昆山高新技术产业开发区	连云港高新技术产业开发区
	盐城高新技术产业开发区	扬州国家高新技术产业开发区
	常熟高新技术产业开发区	宿迁国家高新技术产业开发区
	淮安国家高新技术产业开发区	

国家高新技术产业开发区、大众创业万众创新示范基地、国家自主创新示范区

续表

安徽省（6个）	合肥高新技术产业开发区	蚌埠高新技术产业开发区
	芜湖高新技术产业开发区	马鞍山慈湖高新技术产业开发区
	铜陵狮子山高新技术产业开发区	淮南高新技术产业开发区
湖北省（13个）	武汉东湖新技术开发区	孝感高新技术产业开发区
	襄阳高新技术产业开发区	荆门高新技术产业开发区
	宜昌国家高新技术产业开发区	仙桃高新技术产业开发区
	随州高新技术产业开发区	德州高新技术产业开发区
	咸宁高新技术产业园区	黄冈高新技术产业开发区
	荆州高新技术产业开发区	黄石大冶湖高新技术产业开发区
	潜江高新技术产业开发区	
湖南省（8个）	长沙高新技术产业开发区	益阳高新技术产业开发区
	株洲高新技术产业开发区	衡阳高新技术产业开发区
	湘潭国家高新技术产业开发区	郴州高新技术产业开发区
	常德高新技术产业开发区	怀化高新技术产业开发区
江西省（9个）	南昌高新技术产业开发区	鹰潭高新技术产业开发区
	新余高新技术产业开发区	抚州高新技术产业开发区
	景德镇高新技术产业开发区	吉安高新技术产业开发区
	赣州高新技术产业开发区	九江共青城高新技术产业园区
	宜春丰城高新技术产业开发区	
浙江省（8个）	杭州高新技术产业开发区	温州高新技术产业开发区
	宁波高新技术产业开发区	衢州高新技术产业开发区
	绍兴高新技术产业开发区	萧山临江高新技术产业开发区
	嘉兴秀洲高新技术产业开发区	湖州莫干山高新技术产业开发区
福建省（7个）	福州高新技术产业开发区	莆田高新技术产业开发区
	厦门火炬高技术产业开发区	漳州高新技术产业开发区
	泉州高新技术产业开发区	三明高新技术产业开发区
	龙岩高新技术产业开发区	

续表

广东省（15个）	广州高新技术产业开发区	珠海高新技术产业开发区
	深圳高新技术产业开发区	松山湖高新技术产业开发区
	中山火炬高技术产业开发区	肇庆高新技术产业开发区
	佛山高新技术产业开发区	江门高新技术产业开发区
	惠州仲恺高新技术产业开发区	源城高新技术产业开发区
	湛江高新技术产业开发区	清远高新技术产业开发区
	茂名高新技术产业开发区	汕头高新技术产业开发区
	广东河源高新技术产业开发区	
广西壮族自治区（4个）	南宁高新技术产业开发区	柳州高新技术产业开发区
	桂林高新技术产业开发区	北海高新技术产业开发区
海南省（1个）	海口高新技术产业开发区	
重庆市（4个）	重庆高新技术产业开发区	璧山高新技术产业开发区
	永川高新技术产业开发区	荣昌高新技术产业开发区
四川省（8个）	成都高新技术产业开发区	乐山高新技术产业开发区
	绵阳高新技术产业开发区	泸州高新技术产业开发区
	自贡高新技术产业开发区	攀枝花钒钛高新技术产业开发区
	德阳高新技术产业开发区	内江高新技术产业园区
贵州省（2个）	贵阳高新技术产业开发区	安顺高新技术产业开发区
云南省（3个）	昆明高新技术产业开发区	玉溪高新技术产业开发区
	楚雄高新技术产业开发区	
甘肃省（2个）	兰州高新技术产业开发区	白银高新技术产业开发区
宁夏回族自治区（2个）	银川高新技术产业开发区	石嘴山高新技术产业开发区
青海省（1个）	青海高新技术产业开发区	
新疆维吾尔自治区（3个）	乌鲁木齐高新技术产业开发区	石河子高新技术产业开发区
	昌吉高新技术产业开发区	

资料来源：中国开发区信息网。

二、大众创业万众创新示范基地

截至 2017 年 6 月，经国务院批准的两批 120 个双创示范基地，包含北京市海淀区等 62 个区域示范基地，清华大学等 30 个高校和科研院所示范基地，中国电信集团公司等 28 个企业示范基地。

（一）首批双创示范基地名单（28 个）

1. 区域示范基地（17 个）

北京市海淀区、天津市滨海新区中心商务区、辽宁省沈阳市浑南区、上海市杨浦区、江苏省常州市武进区、浙江省杭州市余杭区浙江杭州未来科技城、安徽省合肥高新技术产业开发区、福建福州新区、河南省郑州航空港经济综合实验区、湖北省武汉东湖新技术开发区、湖南湘江新区、广东省广州高新技术产业开发区科学城园区、广东省深圳市南山区、重庆两江新区、四川省成都市郫县、贵州贵安新区、陕西西咸新区。

2. 高校和科研院所示范基地（4 个）

清华大学、上海交通大学、南京大学、四川大学。

3. 企业示范基地（7个）

中国电信集团公司、中国航天科工集团公司、招商局集团有限公司、海尔集团公司、中信重工机械股份有限公司、共享装备股份有限公司、阿里巴巴集团。

（二）第二批双创示范基地名单（92个）

1. 区域示范基地（45个）

北京市顺义区、天津滨海高新技术产业开发区、河北省保定国家高新技术产业开发区、山西转型综合改革示范区学府产业园区、内蒙古自治区包头稀土高新技术产业开发区、辽宁省大连高新技术产业园区、辽宁省鞍山高新技术产业开发区、吉林长春新区、黑龙江哈尔滨新区、上海市徐汇区、江苏省南京市雨花台区、浙江省杭州经济技术开发区、浙江省宁波市鄞州区、浙江省嘉兴南湖高新技术产业园区、安徽省芜湖高新技术产业开发区、福建省厦门火炬高技术产业开发区、福建省泉州市丰泽区、江西赣江新区、山东省青岛高新技术产业开发区、山东省淄博市张店区、山东省威海火炬高技术产业开发区、河南省许昌市城乡一体化示范区、河南省鹿邑县、湖北省武汉市江岸区、湖北省荆门高新技术产业开发区、湖北省黄冈市罗田县、湖南省湘潭高新技术产业开发区、广东省深圳市福田区、广东省汕头华侨经济文化合作试验区、广东省中山火炬高技术产业开发区、广西壮族自治区南宁高新技术产业开发区、海南省海口国家高新技术产业开发区、重庆市永川区、四川天府新区、四川省巴中市平昌县、贵州省贵阳高新技术产业开发区、贵州省遵义市汇川区、云南省昆明经济技术开发区、西藏自治区拉萨市柳梧新区、陕西省杨凌农业高新技术产业示范区、甘肃省兰州市城关区、青海省青海国家高新技术产业开发区、宁夏回族自治区银川经济技术开发区、新疆维吾尔自治区乌鲁木齐高新技术产业开发区、新疆生产建设兵团石河子高新技术产业开发区。

2. 高校和科研院所示范基地（26 个）

北京大学、河北农业大学、吉林大学、哈尔滨工业大学、复旦大学、上海科技大学、南京理工大学、南京工业职业技术学院、浙江大学、山东大学、武汉大学、华中科技大学、中南大学、华南理工大学、西安电子科技大学、中国信息通信研究院、国家工业信息安全发展研究中心、中国科学院计算技术研究所、中国科学院大连化学物理研究所、中国科学院长春光学精密机械与物理研究所、中国科学院上海微系统与信息技术研究所、中国科学院苏州纳米技术与纳米仿生研究所、中国科学院宁波材料技术与工程研究所、中国科学院合肥物质科学研究院、中国科学院深圳先进技术研究院、中国科学院西安光学精密机械研究所。

3. 企业示范基地（21 个）

中国航空工业集团公司、中国船舶重工集团公司、中国电子科技集团公司、国家电网公司、中国移动通信集团公司、中国电子信息产业集团有限公司、中国宝武钢铁集团有限公司、中国钢研科技集团有限公司、北京有色金属研究总院、中国普天信息产业集团公司、三一重工股份有限公司、北京百度网讯科技有限公司、长春国信现代农业科技发展股份有限公司、万向集团公司、合肥荣事达电子电器集团有限公司、浪潮集团有限公司、迪尚集团有限公司、深圳市腾讯计算机系统有限公司、重庆猪八戒网络有限公司、四川长虹电子控股集团有限公司、新希望集团有限公司。

三、国家自主创新示范区

截至 2018 年 2 月，全国共有 19 个国家自主创新示范区，具体如下：

序号	示范区	地点	批复时间
1	北京中关村国家自主创新示范区	北京	2009 年 3 月
2	武汉东湖国家自主创新示范区	湖北	2009 年 12 月
3	上海张江国家自主创新示范区	上海	2011 年 3 月
4	深圳国家自主创新示范区	广东	2014 年 6 月
5	苏南国家自主创新示范区	江苏	2014 年 11 月
6	长株潭国家自主创新示范区	湖南	2015 年 1 月
7	天津国家自主创新示范区	天津	2015 年 2 月
8	成都国家自主创新示范区	四川	2015 年 6 月
9	西安国家自主创新示范区	陕西	2015 年 9 月
10	杭州国家自主创新示范区	浙江	2015 年 9 月
11	珠三角国家自主创新示范区	广东	2015 年 11 月
12	河南郑洛新国家自主创新示范区	河南	2016 年 3 月
13	山东半岛国家自主创新示范区	山东	2016 年 3 月
14	辽宁沈大国家自主创新示范区	辽宁	2016 年 3 月

国家高新技术产业开发区、大众创业万众创新示范基地、国家自主创新示范区

续表

序号	示范区	地点	批复时间
15	福厦泉国家自主创新示范区	福建	2016 年 6 月
16	合芜蚌国家自主创新示范区	安徽	2016 年 6 月
17	重庆国家自主创新示范区	重庆	2016 年 7 月
18	宁波、温州国家自主创新示范区	浙江	2018 年 2 月
19	兰州、白银国家自主创新示范区	甘肃	2018 年 2 月

资料来源：中国政府网。

参 考 文 献

［1］ Aldrich H. E. , Martinez M. A. Many Are Called, But Few Are Chose: An Evolutionary Perspective for the Study of Entrepreneurship ［J］. Entrepreneurship: Theory and Practice, 2007, 25 (4): 293 – 311.

［2］ Amit R. , Zott C. Creating Value Through Business Model Innovation ［J］. MIT Sloan Management Review, 2012, 53 (3): 41 – 49.

［3］ Asquith P. , Gertner R. , Scharfstein D. Anatomy of Financial Distress: An Examination of Junk-bond Issuers ［J］. The Quarterly Journal of Economics, 1994, 109 (3): 625 – 658.

［4］ Asquith P. , Mullins D. W. , Wolff E. D. Original Issue High Yield Bonds: Aging Analyses of Defaults, Exchanges, and Calls ［J］. Journal of Finance, 1989, 44 (4): 923 – 952.

［5］ Berger A. N. , and Udell G. F. The Economics of Small Business Finance: The Roles of Private Equity and Debt Markets in the Financial Growth Cycle ［J］. Journal of Banking & Finance, 1998, 22 (6): 613 – 673.

［6］ BIS. Statistical Release: OTC Derivatives Statistics ［M］. 2017.

［7］ Brister B. M. , Kennedy R. E. , Liu P. The Regulation Effect of

Credit Ratings on Bond Interest Yield: The Case of Junk Bond [J]. Journal of Business Finance & Accounting, 1994, 21 (4): 511 – 531.

[8] Brown D. T. An Empirical Analysis of Credit Spread Innovations [J]. The Journal of Fixed Income, 2001, 11 (2): 9 – 27.

[9] Coase R. H. The Nature of the Firm [J]. Economica, 1937, 4 (16): 386 – 405.

[10] Collin – Dufresne P., Goldstein R., Helwege J. Are Jumps in Corporate Bond Yields Priced? Modeling Contagion Via the Updating of Beliefs [J]. University of California Berkeley, Working Paper, 2003.

[11] Covin J. G., Slevin T. J. A Conceptual Model of Entrepreneurship as Firm Behavior [J]. Entrepreneurship: Critical Perspectives on Business and Management, 1991, 3: 5 – 18.

[12] De Bondt G., Marqués – Ibáñez D. The High-yield Segment of the Corporate Bond Market: A Diffusion ModellingApproach for the United States, the United Kingdom and the Euro Area [J]. Working Paper, 2004.

[13] Doganova L., Eyquem – Renault M. What do Business Models Do? Innovation Devices in Technology Entrepreneurship [J]. Research Policy, 2009, 38 (10): 1559 – 1570.

[14] Elton E. J., Gruber M. J., Agrawal D., Mann C. Explaining the Rate Spread on Corporate Bonds [J]. Journal of Finance, 2001, 56 (1): 247 – 277.

[15] Ericsson J., Renault O. Liquidity and Credit Risk [J]. Journal of Finance, 2006, 61 (5): 2219 – 2250.

［16］Fabozzi F. J. Bond Markets, Analysis, and Strategies ［M］. Pearson Prentice Hall, 2007.

［17］Fons J. S. The Default Premium and Corporate Bond Experience ［J］. The Journal of Finance, 1987, 42（1）: 81 – 97.

［18］Fridson M. S. Semiannual Seasonality in High – Yield Bond Returns ［J］. Journal of Portfolio Management, 2000, 26（4）: 102 – 111.

［19］Gertler M. , Lown C. S. The Information in the High-yield Bond Spread for the Business Cycle: Evidence and Some Implications ［J］. Oxford Review of Economic Policy, 1999, 15（3）: 132 – 150.

［20］Geske R. L. , Delianedis G. The Components of Corporate Credit Spreads: Default, Recovery, Taxes, Jumps, Liquidity, and Market Factors ［J］. UCLA Anderson Working Paper No. 22 – 01, 2001.

［21］Goldreich D. , Hanke B. , Nath P. The Price of Future Liquidity: Time – Varying Liquidity in the U. S. Treasury Market ［J］. Social Science Electronic Publishing, 2003, 9（1）: 1 – 32.

［22］Grammenos C. T. , Nomikos N. K. , Papapostolou N. C. Estimating the Probability of Default for Shipping High Yield Bond Issues ［J］. Transportation Research Part E Logistics & Transportation Review, 2008, 44（6）: 1123 – 1138.

［23］Huang J. Z. , Huang M. How Much of the Corporate – Treasury Yield Spread Is Due to Credit Risk? ［J］. Review of Asset Pricing Studies, 2012, 2（2）: 153 – 202.

［24］Hull J. , Predescu M. , White A. The Relationship Between Credit Default Swap Spreads, Bond Yields, and Credit Rating Announcements [J]. Journal of Banking & Finance, 2004, 28 (11): 2789 – 2811.

[25] Jaworski B. J. , Kohli A. K. Market Orientation: Antecedents and Consequences [J]. The Journal of Marketing, 1993, 57 (3): 53 – 71.

[26] Jensen M. C. , Murphy K. J. Performance Pay and Top – Management Incentives [J]. Journal of Political Economy, 1990, 98 (2): 225 – 264.

[27] Kolvereid L. , Obloj K. Entrepreneurship in Emerging Versus Mature Economies: An Exploratory Survey [J]. Journal of Business Venturing, 1993, 8 (3): 211 – 230.

[28] Lee C. Y. , Cheng J. H. A Fuzzy AHP Application on Evaluation of High-yield Bond Investment [J]. World Scientific and Engineering Academy and Society (WSEAS), 2008.

[29] Longstaff F. A. , Schwartz E. S. A Simple Approach to Valuing Risky Fixed and Floating Rate Debt [J]. Journal of Finance, 1995, 50 (3): 789 – 819.

[30] Li H. , Atuahene – Gima K. Product Innovation Strategy and the Performance of New Technology Ventures in China [J]. Academy of Management Journal, 2001, 44 (6): 1123 – 1134.

[31] Ma C. K. , Rao R. P. , Peterson R. L. The Resiliency of the High – Yield Bond Market: The LTV Default [J]. Journal of Finance, 1989, 44 (4): 1085 – 1097.

[32] Matsuno K. , Mentzer J. T. , Ozsomer A. The Effects of Entre-

preneurial Proclivity and Market Orientation on Business Performance [J].
The Journal of Marketing, 2002, 66 (3): 18 – 32.

[33] Mcdonald C. G. , Gucht L. M. V. D. High – Yield Bond De-
fault and Call Risks [J]. Review of Economics and Statistics, 1999, 81
(3): 409 – 419.

[34] Merton R. C. On the Pricing of Corporate Debt: The Risk
Structure of Interest Rates [J]. The Journal of Finance, 1974, 29 (2):
449 – 470.

[35] Myers S. C. , Majluf N. S. Corporate Financing and Investment
Decisions When Firms Have Information That Investors Do Not Have [J].
Journal of Financial Economics, 1984, 13 (2): 187 – 221.

[36] Narver J. C. , Slater S. F. , MacLachlan D. L. Responsive and
Proactive Market Orientation and New – Product Success [J]. Journal of
Product Innovation Management, 2004, 21 (5): 334 – 347.

[37] Peng M. W. , Luo Y. Managerial Ties and Firm Performance in
a Transition Economy: The Nature of a Micro-macro link [J]. Academy
of Management Journal, 2000, 43 (3): 486 – 501.

[38] Pier A. Abetti. Planning and Building the Infrastructure for
Technological Entrepreneurship [J]. International Journal of Technology
Management, 1992, 7 (13): 129 – 139.

[39] Shane S. A. The Illusions of Entrepreneurship: The Costly
Myths That Entrepreneurs, Investors, and Policy Makers Live By [M].
Yale University Press, 2008.

[40] Sheng S. , Zhou K. Z. , and Li J. J. The Effects of Business

and Political Ties on Firm Performance: Evidence from China [J]. Journal of Marketing, 2011, 75 (1): 1 – 15.

[41] Stiglitz J. E., Weiss A. Credit Rationing in Markets with Imperfect Information [J]. American Economic Review, 1981, 71 (3): 393 – 410.

[42] Thomas H., Wang Z. The Integration of Bank Syndicated Loan and Junk Bond Markets [J]. Journal of Banking & Finance, 2004, 28 (2): 299 – 329.

[43] Weston J. F., Brigham E. F. Managerial Finance [M]. Holt Rinehart and Winston Inc., New York, 1972.

[44] Weston J. F., Brigham E. F. Managerial Finance [M]. Dryden Press, New York, 1978.

[45] Xin K. K., Pearce J. L. Guanxi: Connections as Substitutes for Formal Institutional Support [J]. Academy of Management Journal, 1996, 39 (6): 1641 – 1658.

[46] Zott C., Amit R. Business Model Design and the Performance of Entrepreneurial Firms [J]. Organization Science, 2007, 18 (2): 181 – 199.

[47] Zott C., Amit R. The Fit between Product Market Strategy and Business Model: Implications for Firm Performance [J]. Strategic Management Journal, 2008, 1 (29): 1 – 26.

[48] Zott C., Amit R. Business Model Design: An Activity System Perspective [J]. Long Range Planning, 2010, 43 (2): 216 – 226.

[49] 贝政新. 高科技产业化: 融资问题研究 [M]. 上海: 复

旦大学出版社，2008.

［50］曹萍．美国高收益债券风险特征与投资者保护机制探讨
［J］．证券市场导报，2013，（2）：59－65.

［51］陈立文，佟紫娟，叶莉．科技型中小企业融资新模式：基
于"投贷结合"框架的理论分析［J］．金融发展研究，2016，（4）：
24－30.

［52］陈腾龙，薛文忠．发展中小企业高收益债券市场的问题及
建议［J］．证券市场导报，2012，（6）：73－77.

［53］陈晓红，尹哲，曾江洪．中小企业董事会治理水平与成长
性关系之研究——基于沪深中小上市公司的经验分析［J］．华东师
范大学学报（哲学社会科学版），2007，39（3）：115－120.

［54］陈颖健．高收益债券监管的法律问题研究——超越私募和
公募界限的制度设计［J］．证券市场导报，2012，（10）：4－13.

［55］陈忠阳．信用风险量化管理模型发展探析［J］．国际金融
研究，2000，（10）：14－19.

［56］杜浩然．KMV模型应用于我国高收益债投资的实证研究
［D］．复旦大学，2014.

［57］范力．加快推进创新创业公司债券着力培育金融支持实体
新动力［N］．证券时报，2017－07－14.

［58］冯丽娜．高收益债券：破解中小企业融资难题的可选途径
［J］．投资研究，2013，（4）：147－153.

［59］高涛．我国中小企业私募债发行与监管模式的再反思［J］．
金融发展研究，2012，（11）：91－95.

［60］高岳．我国企业债券市场的监管特征下的信用风险——基

于发行主体偏好的视角 [J]. 信息系统工程，2010，(7)：130 – 131.

[61] 耿建芳，杨宜，李有根. 中小企业融资担保实践与理论研究新进展 [J]. 金融与经济，2010，(6)：83 – 85.

[62] 谷小青. 美国高收益债券市场的发展及启示 [J]. 银行家，2010，(11)：78 – 81.

[63] 郭泓，武康平. 上交所国债市场流动性溢价分析 [J]. 财经科学，2006，(4)：23 – 29.

[64] 郭韬，吴叶，刘洪德. 企业家背景特征对技术创业企业绩效影响的实证研究——商业模式创新的中介作用 [J]. 科技进步与对策，2017，34 (5)：86 – 91.

[65] 郝敬鑫，杨忠. 区域因素对创业企业创新绩效影响探析——基于中国 52 个城市创业企业统计数据的研究 [J]. 江苏社会科学，2012，(6)：84 – 89.

[66] 何大喜. 我国上市公司债券信用风险溢价研究 [D]. 江西财经大学，2012.

[67] 贺晋. 科技型中小企业可转债融资机理研究 [J]. 统计与决策，2012，(18)：176 – 179.

[68] 何君光，陈佳. 发展中小企业高收益债券若干问题的探讨 [J]. 经济学动态，2010，(7)：78 – 80.

[69] 黄晓捷，汤莹玮. 国际高收益债券市场的发展及对我国的启示 [J]. 金融理论与实践，2008，(9)：107 – 109.

[70] 贾昌杰. 美国高收益债券市场发展的经验及其启示 [J]. 金融论坛，2012，(11)：64 – 71.

[71] 姜礼尚，梁进. 金融衍生品和信用风险定价的数学模型

[J]. 数学建模及其应用，2012，1（2）：15–18.

[72] 李超. 高新技术企业创新升级的创业资本市场环境研究
[J]. 企业经济，2007，（3）：5–8.

[73] 李巧莎. 基于金融成长周期理论的科技型中小企业融资问
题研究 [J]. 科技管理研究，2013，33（10）：243–245.

[74] 李瑞晶，李媛媛，金浩. 区域科技金融投入与中小企业创
新能力研究——来自中小板和创业板127家上市公司数据的经验证
据 [J]. 技术经济与管理研究，2017，（2）：124–128.

[75] 李小青，胡朝霞. 科技创业企业董事会认知特征对技术创
新动态能力的影响研究 [J]. 管理学报，2016，13（2）：248–257.

[76] 李雪灵，姚一玮，王利军. 新企业创业导向与创新绩效关
系研究：积极型市场导向的中介作用 [J]. 中国工业经济，2010，
（6）：116–125.

[77] 李志强. 基于交易成本理论的互联网金融与中小企业融资
关系研究 [J]. 上海经济研究，2015，（3）：65–71.

[78] 梁世栋，郭父，李勇，方兆本. 信用风险模型比较分析
[J]. 中国管理科学，2002，10（1）：17–22.

[79] 廖敏辉. 我国企业债券市场的流动性研究 [J]. 湖南科技
大学学报（社会科学版），2007，10（3）：66–70.

[80] 凌利峰，吴婷婷. 高层次人才创新创业金融支持现状、问
题及对策——以江苏省南通市为例 [J]. 世界农业，2017，（7）：
224–229+240.

[81] 刘冬梅，郭强，王伟楠. 贫困地区中小企业创新发展的特
征与需求研究——以秦巴山区连片特困地区为例 [J]. 中国科技论

坛，2016，（1）：144 – 149.

［82］刘水林，郜峰．完善我国公司债券监管制度的法律构想［J］．上海财经大学学报，2013，15（3）：34 – 41.

［83］刘小元，李永壮．董事会、资源约束与创新环境影响下的创业企业研发强度——来自创业板企业的证据［J］．软科学，2012，26（6）：99 – 104.

［84］刘小元，林嵩．地方政府行为对创业企业技术创新的影响——基于技术创新资源配置与创新产出的双重视角［J］．研究与发展管理，2013，25（5）：15 – 25.

［85］龙勇，常青华．高技术创业企业创新类型、融资方式与市场策略关系研究［J］．科学学与科学技术管理，2008，（1）：70 – 74.

［86］罗航，罗莎．高收益债券的国际经验和评级技术借鉴［J］．征信，2012，30（2）：7 – 11.

［87］马松，潘珊，姚长辉．担保机构、信贷市场结构与中小企业融资——基于信息不对称框架的理论分析［J］．经济科学，2014，（5）：62 – 78.

［88］梅德强，龙勇．高新技术企业创业能力、创新类型与融资方式关系研究［J］．管理评论，2012，24（1）：67 – 74.

［89］庞红学，金永军，刘源．美国债券市场监管体系研究及启示［J］．上海金融，2013，（9）：69 – 72.

［90］钱颖一．企业的治理结构改革和融资结构改革［J］．经济研究，1995，（1）：20 – 29.

［91］任兆璋，李鹏．中国企业债券价差个体性影响因素的实证分析［J］．华南理工大学学报（社会科学版），2006，8（1）：52 – 55.

［92］施国洪，张继国，宦娟．领军人才创业企业培育机制研究——以江苏常州为例［J］．科技进步与对策，2013，30（18）：110-112.

［93］史慧．我国企业债券的信用风险溢价研究［D］．暨南大学，2006.

［94］宋逢明，金鹏辉．企业类债券市场解构及其监管理念创新［J］．改革，2010，（6）：124-130.

［95］孙慧，王慧．政府补贴、研发投入与企业创新绩效——基于创业板高新技术企业的实证研究［J］．科技管理研究，2017，37（12）：111-116.

［96］万解秋．信贷配给条件下的中小企业融资——兼评介入型融资理论和破解策略［J］．经济学动态，2005，（2）：43-46.

［97］王静．私募股权投资与企业技术创新——来自创业板制造业的经验证据［J］．科技管理研究，2017，37（14）：173-179.

［98］魏江，焦豪．创业导向、组织学习与动态能力关系研究［J］．外国经济与管理，2008，30（2）：36-41.

［99］吴绍玉，汪波，李晓燕等．双重社会网络嵌入对海归创业企业技术创新绩效的影响研究［J］．科学学与科学技术管理，2016，37（10）：96-106.

［100］徐洪水．金融缺口和交易成本最小化：中小企业融资难题的成因研究与政策路径——理论分析与宁波个案实证研究［J］．金融研究，2001，（11）：47-53.

［101］徐晓静．美国高收益债券市场发展经验及对我国的启示［J］．金融发展评论，2013，（5）：105-107.

[102] 闫芳，曾建华．我国企业短期融资券信用利差的实证分析 [J]．商场现代化，2010，(23)：180．

[103] 闫华红，王润，许倩．创新型中小企业的融资选择分析——基于可转换债券视角 [J]．财会月刊，2015，(13)：3 - 6．

[104] 杨俊生，罗美娟，杨玉梅．融资租赁与中小企业资本形成 [J]．经济问题探索，2009，(4)：133 - 138．

[105] 杨凯，熊枫，杨礼琼．大众创业、万众创新背景下的科技企业孵化器建设专项支出绩效评价与创新发展之路——以 G 省 C 市为例 [J]．科技管理研究，2015，35 (18)：37 - 42．

[106] 杨东涛，苏中锋，褚庆鑫．创业企业创新成长的政商环境影响机理研究 [J]．科技进步与对策，2014，(15)：84 - 88．

[107] 游春，左成学．我国高收益债券信用评级问题的研究 [J]．征信，2013，(1)：49 - 52．

[108] 郁俊莉．中小企业信用资本形成机制及对融资支持的研究 [J]．中南财经政法大学学报，2009，(5)：122 - 126．

[109] 于晓宇，蔡莉．失败学习行为、战略决策与创业企业创新绩效 [J]．管理科学学报，2013，16 (12)：37 - 56．

[110] 袁志辉．高收益债券信用风险评估：预期损失率模型 [J]．债券，2014，(10)：41 - 47．

[111] 云乐鑫，杨俊，张玉利．创业企业如何实现模式内容创新：基于"网络—学习"双重机制的跨案例研究 [J]．管理世界，2017，(4)：119 - 137．

[112] 曾江洪，秦宇佳．独立董事特质与中小企业成长性——基于中小企业板上市公司的实证研究 [J]．财务与金融，2011，

（2）：64 - 68.

[113] 张自力. 欧洲高收益债券市场违约风险监管研究 [J]. 证券市场导报，2012，（4）：4 - 10.

[114] 张自力. 全球高收益债券市场的发展：格局演变及监管借鉴 [J]. 上海金融，2012，（4）：74 - 78.

[115] 张自力，林力. 日本企业债券市场的结构特征及监管制度 [J]. 证券市场导报，2013，（8）：50 - 56.

[116] 赵银寅，田存志. 我国企业债券信用利差的宏观影响因素分析 [J]. 商业时代，2010，（34）：64 - 66.

[117] 郑培源. 中资机构青睐美元高收益债，券商承销业务聚焦新蛋糕 [N]. 中国证券网，2017 - 01 - 05.

[118] 郑山水. 政府关系网络、创业导向与企业创新绩效 [J]. 华东经济管理，2015，（5）：54 - 62.

[119] 中国人民银行武汉分行、长江证券公司联合课题组. 我国中小企业债券融资问题研究 [J]. 金融研究，2007，（9b）：55 - 67.

[120] 钟姝. 中小企业私募债信用风险研究 [D]. 浙江大学，2013.

[121] 朱丽娜. 亚洲债券今年回报约5%违约率有望低位徘徊 [N]. 21 世纪经济报道，2017 - 03 - 03.

[122] 朱秀梅，李明芳. 创业网络特征对资源获取的动态影响——基于中国转型经济的证据 [J]. 管理世界，2011，（6）：105 - 115.

[123] 邹媛，王疆婷，褚良子. 高收益债券：发行、风险与评级 [J]. 金融市场研究，2016，（11）：73 - 79.

后　　记

　　经过近四十年的改革开放，我国经济已由高速增长阶段转向高质量发展阶段，正处在转变发展方式、优化经济结构、转换增长动力的攻关期。创新创业公司债券是资本市场服务国家创新战略的重要抓手，是在总结归纳海外高收益债券发展历程以及国内中小企业私募债券等试点经验后，推出的服务实体经济的又一创新举措。

　　本书是在2017年中国证券业协会重点课题研究报告《我国创新创业公司债券理论与实务研究》基础上扩充而来，主要目的是分享东吴证券在创新创业公司债券的承销发行过程中的经验体会，更好地推进这一新生债券品种的发展，实现金融服务实体经济的初衷。

　　本书的具体分工如下：第一章、第二章，范力、朱丹；第三章，徐青、张昊；第四章、第五章，闻大梅、罗佛传；第六章、第七章、第八章，范力、胡俊华；第九章，姚眺、胡俊华；第十章，范力、姚眺、胡俊华。全书由范力、朱丹总纂定稿。

　　在本书的研讨与撰写过程中，得到了中国证监会债券部、上交所、深交所、全国股转公司、中国证券业协会、江苏证监局、南京大学裴平教授、上海财经大学金德环教授、苏州大学贝政新教授、复旦大学尹晨副教授等有关专家的指导；东吴证券固定收益总部创新创业公司债券项目组成员、部分发行人和投资人提供了案例素材，在此一并表示衷心的感谢！

新时代、新征程。希望本书的出版能为证券市场服务创新创业公司提供有益帮助！

作者
2018 年 2 月于苏州市工业园区东吴证券大厦